kurz & bündig

Fußballverrückter.
Mutmacher.
Menschenfänger.

Ottmar Hitzfeld

von Wolfram Porr

kurz & bündig Verlag | Frankfurt a. M. | Basel

Besuchen Sie kurz & bündig Verlag im Internet:
www.kurz-und-buendig-verlag.com

© 2019, kurz & bündig Verlag | Frankfurt a. M. | Basel

Lektorat: Rainer Vollmar, Henrik Halbleib, Frankfurt a. M.
Gestaltung: Katja von Ruville, Frankfurt a. M. nach einer Idee
von Fanny Oppler, Basel
Cover- und Inhaltsfotografien: Tobias Sutter, Münchenstein
(www.tobias-sutter.ch)
Satz: Katja von Ruville, Frankfurt a. M.
Druck und Bindung: Memminger MedienCentrum, Memmingen

ISBN 978-3-907126-09-7

Für Ottmar Hitzfeld begann alles mit einem Telefonat.
Als er an einem Tag im Frühling des Jahres 1971 die Nummer des Fußballtrainers Helmut Benthaus wählte, durfte niemand davon wissen, nicht einmal seine Eltern, bei denen er noch wohnte. »Früher war Telefonieren nicht wie heute, wo jeder ein Handy hat und das ganz normal ist. Damals musste man den Hörer abnehmen und wählen. Meine Mutter hat immer aufgepasst, mit wem ich telefoniere. Sie hätte gesagt, ›du spinnst ja, du kannst doch nicht den Benthaus anrufen! Das macht man doch nicht.‹ Man wollte einfach niemanden belästigen oder arrogant wirken.« Doch für Hitzfeld, damals erfolgreicher, treffsicherer Mittelstürmer des südbadischen Drittligisten FV Lörrach und nach eigenen Worten noch »sehr schüchtern«, war in diesem Moment sein eigenes Fortkommen wichtiger. Also rief er, als seine Eltern gerade nicht zuhause waren, an und fragte den berühmten Trainer des FC Basel, ob er zum Probetraining kommen dürfe. Er durfte. Einige Tage später meldete sich Hitzfeld beim vereinbarten Termin auf dem Trainingsgelände des FC Basel auf dem Landhof und überzeugte Benthaus von seinen Qualitäten. Der Rest ist Geschichte.

»Ein Dankesgebet hat immer oberste Priorität, aber ich habe nie gebetet, um zu gewinnen, denn das muss man sich selbst erkämpfen.«

Wer Ottmar Hitzfelds Wesen und Charakter begreifen will, kann vieles aus dieser Anekdote herauslesen. Schüchtern, aber zielstrebig, wenn es um die eigene Karriere ging. Demütig, aber auch mutig. Sich seines eigenen Wertes sehr wohl bewusst. Im Laufe der Zeit kamen weitere Charaktereigenschaften hinzu, die für den 1949 Geborenen bis heute elementar sind: Ehrlichkeit, Menschlichkeit, Prinzipientreue, Fleiß, Akribie. All das geht auf seine Erziehung zurück. Ottmar Hitzfeld entstammt einem äußerst bodenständigen, katholisch geprägten Elternhaus, in dem Werte hochgehalten und an ihn und seine vier Geschwister (Ottmar war das »Nesthäkchen«, sein ältester Bruder war 17 Jahre älter) weitergegeben wurden. »Ich habe einfach meine Grundprinzipien, so wurde ich auch erzogen. Konservativ«, erzählt Hitzfeld. Alles, was er tue, hänge mit seiner Lebensphilosophie zusammen, sagt er, »und die ist auch vom Glauben geprägt. Aber letzten Endes geht es um meine Werte und wie ich den Glauben interpretiere.« Zu seinem 70. Geburtstag machte ihm ein Freund ein ganz besonderes Geschenk: eine Audienz bei Papst Franziskus in Rom. Ein unvergesslicher Moment! Hitzfeld geht zwar nicht jeden Sonntag in die Kirche, aber doch regelmäßig alle paar Wochen. Das Gespräch mit Gott möchte Hitzfeld nicht missen: »Das tägliche Gebet ist für mich wichtig, einfach auch um dafür zu danken, was ich alles erleben durfte. Ein Dankesgebet hat immer oberste Priorität, aber ich habe nie gebetet, um zu gewinnen, denn das muss man sich selbst erkämpfen. Es wird einem ja nichts geschenkt.«

Nein. Geschenkt wurde Ottmar Hitzfeld nichts. Umso erstaunlicher ist es, dass er bei all seinen Erfolgen, die er erst als Spieler und vor allem später als Trainer feierte, nie abgehoben, sondern immer Mensch geblieben ist. Einer, der sein Gegenüber schätzt und respektiert oder wie man gerne sagt: ihm auf Augenhöhe begegnet. Trifft man ihn heute, erlebt man einen ungemein höflichen, ausgeruhten, ja zufriedenen Mann, der seinen Ruhestand sichtlich genießt, der aufmerksam zuhören und auch mal herzerfrischend lachen kann. Klar, ein paar Fältchen hat der Mann, der im Januar 2019 seinen Siebzigsten gefeiert hat, im Gesicht schon bekommen. Die sind aber ganz normal und haben nichts mit den Sorgenfalten zu tun, die in seiner aktiven Trainerzeit immer dann besonders deutlich zum Vorschein kamen, wenn der Stress besonders intensiv war. Die nervliche Anspannung ist längst Ausgeglichenheit und Zufriedenheit gewichen. Zum Interview in der Lobby eines noblen Hotels unweit des Basler Messeplatzes, das Hitzfeld vorgeschlagen hat und in dem er regelmäßig Interviews gibt, erscheint er selbstredend im feinen Anzug, schon immer eines seiner Markenzeichen. Der Hotelmanager ist sichtlich erfreut, ihn zu sehen. Man kennt sich und spricht ein paar Takte. Später wird die Rechnung für den Cappuccino und die Flasche Wasser ohne Kohlensäure, die er bestellt, schon beglichen sein. Hitzfeld ist gut vorbereitet und hat sich über seinen Gesprächspartner und die Fragen, die ihn erwarten, informiert. Dem Zufall hat er in seinem Leben noch nie etwas überlassen – schon gar nicht, wenn es um ihn selbst oder seine Darstellung in der Öffentlichkeit geht. Was das betrifft, behielt und behält er die Zügel stets gerne selbst in der Hand. Von Überheblichkeit oder gar Arroganz aber keine Spur bei dem Mann, der als Trainer sage und schreibe zwei Schweizer und sieben Deutsche Meisterschaften holte, sechsmal Pokalsieger wurde (drei davon in Deutschland) und mit zwei Teams die Champions League gewann: erst 1997 mit Borussia Dortmund, 2001 dann mit dem FC Bayern München. Bis heute ist er der einzige Trainer, dem dieses Kunststück mit zwei deutschen Mannschaften gelang. Zudem hält er immer noch den Rekord als Bundesligatrainer mit dem besten Punktedurchschnitt (1,98). Lediglich Udo Lattek brachte es auf noch mehr Titel.

Bis 2014 war Hitzfeld als Trainer aktiv. Nach einer erfolgreichen Weltmeisterschaft in Brasilien mit dem Erreichen des Achtelfinals und dem unglücklichen Ausscheiden gegen den späteren Vizeweltmeister Argentinien in São Paulo (0:1 nach Verlängerung) beendete er 65-jährig sein Engagement als Schweizer Nationaltrainer – ein Job, den er schon Jahrzehnte vorher als Schlusspunkt seiner Karriere ins Visier genommen hatte und den er bis zum allerletzten Tag mit Freude und der ihm eigenen Akribie ausübte. Anders als bei vielen Kollegen, die nach ihrem Abschied entgegen aller Bekundungen doch noch einmal zurückkamen und wieder den Trainingsanzug überstreiften – man denke nur an Jupp Heynckes –, blieb Hitzfelds Entscheidung, seine Trainerkarriere zu beenden, endgültig. Für den »General«, wie er als Trainer genannt wurde, gab und gibt es keinen Weg zurück auf die Trainerbank. Selbst als ihm der chinesische Spitzenklub Guangzhou Evergrande

25 Millionen Euro für einen Vertrag über anderthalb Jahre bot, lehnte Hitzfeld dankend ab. Seine Gesundheit war ihm wichtiger als das schnelle Geld. Den letzten ernsthaften Versuch, Hitzfeld noch einmal zu einem Comeback auf Zeit zu überreden, unternahm Ende 2017 sein Ex-Verein Borussia Dortmund. Der FC Bayern hatte nach der Entlassung von Carlo Ancelotti gerade Jupp Heynckes zurückgeholt, der BVB stand nach der Beurlaubung von Peter Bosz ebenfalls ohne Cheftrainer da. Hitzfeld würde so etwas nie an die große Glocke hängen, aber er bestätigt, dass es die Anfrage aus Dortmund gab: »Das war der Fall. Aber es gibt halt für mich keine Diskussion, nicht im Ansatz. Ich habe mein Rentnerleben, das habe ich mir hart erarbeitet. Und man weiß nicht, wie alt man wird und was in einem Jahr ist. Ich habe zu viel Demut vor dem Leben.« Für keinen Verein und keinen Verband der Welt würde sich Hitzfeld noch einmal ins Hamsterrad des Trainerdaseins begeben. Zu sehr haben in seiner Karriere Anspannung, Druck und Stress an ihm genagt. »Wir haben jetzt ein angenehmeres Leben. Das ist viel schöner, als wenn immer Spannung da ist. Für Jupp Heynckes waren die neun Monate in München sicherlich auch eine harte Zeit. Es hat bestimmt viel Kraft gekostet, und er hat wieder auf einen Lebensabschnitt verzichtet. Ich möchte das nicht.« Dass Hitzfeld mit seinem Wissen und seiner Kompetenz die Fähigkeit hätte, noch einmal einen Profiklub zu übernehmen, steht außer Frage. Dafür war er immer zu sehr Profi und ist seine Aufgaben immer mit einhundert Prozent und mehr angegangen. Aber: Wenn er einmal etwas gesagt und entschieden hat, dann bleibt es auch

dabei. Ohne Wenn und Aber. Von den vielen Grundprinzipien, von denen sich Hitzfeld in seiner Karriere hat leiten lassen, gehört dieses zu den elementarsten.

Nach dem Ende seiner Trainerkarriere im Jahr 2014 arbeitete Hitzfeld weiter als Fußballexperte, u. a. für den deutschen Pay-TV-Sender Sky. Eine Arbeit, die ihm Spaß machte, aber auch gemischte Gefühle auslöste: »Das war immer so ein Spagat: Wenn ich kritisiere, dann klingt das anders, als wenn ›nur‹ ein Journalist seine Meinung artikuliert. Mein Name wird oft ausgenutzt, man versteckt sich dann hinter meiner Kritik. Deshalb muss man aufpassen, was man sagt.« Die klassische Rolle des Experten, den Finger in die Wunde zu legen und möglicherweise personelle oder taktische Fehler aufzudecken, fiel Hitzfeld schwer, wie er zugibt. »Als Kollege finde ich das schwierig. Und ich sehe andere Trainer noch immer als Kollegen. Ein Journalist kann Kritik üben. Ich betrachte einen Trainer, der etwas unternimmt, um ein Spiel zu gewinnen, noch immer als Kollegen.« Natürlich: Hitzfeld hat es in seiner Zeit als Trainer selbst erlebt, wie es ist, wenn sich sogenannte Experten zu seiner Elf oder seiner Taktik äußerten, obwohl sie von der Mannschaft weit weg waren. So forderte unter anderen der frühere Bayern-Manager Robert Schwan einmal seine Ablösung. Und auch das berühmt-berüchtigte Münchner Boulevardzeitungs-Dreigestirn aus Bild München, Abendzeitung und tz ging nicht immer zimperlich mit dem Lörracher um. Es spricht für ihn, dass er dieses Gefühl nicht vergessen hat und mit seinen Kommentaren und Einschätzungen entsprechend maßvoll war und ist. In den Redaktionen wird diese zurückhaltende Herangehensweise nicht überall gern gesehen. Hitzfelds Analysen werden mitunter als zu brav und zu milde wahrgenommen. So kommt es, dass vor allem im Boulevard eher die »Lautsprecher« der Szene eigene Kolumnen haben oder nach ihrer Meinung gefragt werden.

Sein Engagement beim Fernsehen hat Hitzfeld inzwischen beendet. »Irgendwann muss mal Schluss sein. Und man will auch nicht immer nur kritisieren.« Besuche in Fernsehstudios sind selten geworden. Hitzfeld hat sich rar gemacht. Rummel um seine Person mag er nicht. Spricht ihn jemand an und fragt nach einem Autogramm oder einem Selfie, sagt Hitzfeld nicht nein, sondern freut sich über diese Form der Wertschätzung und macht den Menschen gerne eine Freude. Einladungen zu öffentlichen Auftritten, Vernissagen etc. sagt er aber in der Regel lieber ab. »Das mache ich nicht so gerne.« Als jemand, der nach wie vor eine fundierte Meinung zum aktuellen Fußballgeschehen hat und Dinge gut einordnen kann, ist er aber weiterhin ein gefragter Gesprächspartner und steht einer Reihe von Journalisten weiterhin als solcher zur Verfügung. Mit Karlheinz Wild oder Thomas Hennecke vom kicker Sportmagazin telefoniert Hitzfeld regelmäßig, auch die verschiedenen Nachrichtenagenturen vermelden immer mal wieder, wie Hitzfeld das aktuelle Fußballgeschehen einschätzt, insbesondere dann, wenn es um seine deutschen Ex-Klubs Borussia Dortmund oder Bayern München geht. »Man tauscht sich auch mal aus, ohne dass gleich was geschrieben wird. Das ist Vertrauenssache und hat sich über die Jahre hinweg so entwickelt.« Vertrauen war und ist für Hitzfeld das A und O in einer wie auch immer gearteten Beziehung. Geben und Nehmen. Und erst recht dann, wenn es um den Umgang mit der häufig hypernervösen Presse geht: In seiner Zeit beim FC Bayern München war Mediendirektor Markus Hörwick seine engste Vertrauensperson, auf die er sich stets verlassen konnte, der ihm unter die Arme griff und möglicherweise kitzlige, unangenehme Journalistenfragen auch mal vorher in Erfahrung brachte, ihn dafür wappnete und mit Argumenten versorgte. Ein wichtiger Wegbegleiter und eine wichtige Erfahrung, die Hitzfeld später dazu bewog, Marco von Ah zum Pressesprecher zu machen, als er die Schweizer Nationalmannschaft übernahm. »Mit ihm habe ich früher häufiger gesprochen. Er hat Informationen auch mal für sich behalten und eben nicht veröffentlicht. Er war mein Vertrauensmann.«

So tickt Ottmar Hitzfeld: Er kennt die Bedürfnisse von Journalisten, will sich aber nicht vor irgendeinen Karren spannen lassen oder sich für die schnelle Schlagzeile hergeben. Dafür ist ihm der Mensch zu wichtig und wertvoll, der hinter einem Trainer, einem Manager oder einem Sportdirektor steht, zu dem er befragt wird. Allgemeine Fragen zur Taktik, zur Rivalität von Klubs, auch zur Situation von Spielern oder Trainern beantwortet Hitzfeld, so gut er kann. Stresssituationen oder Ergebniskrisen kennt er nur zu gut aus eigener Erfahrung. Das taktische Wissen, inklusive aller neuen Trends, hat er sowieso. Über die aktuellen Entwicklungen in der deutschen Bundesliga, der Schweizer Super League oder auch bei den Nationalmannschaften ist

Hitzfeld bestens informiert. Er liest nicht nur die einschlägigen Zeitungen. Auch online informiert er sich mit dem Handy oder Tablet. Doch obwohl Hitzfeld immer bestens informiert ist: Er muss sich nicht mehr jedes Fußballspiel ansehen. Im Stadion trifft man ihn ohnehin kaum noch an. Lieber pickt er sich am Fernseher die »Rosinen« raus, wie er sagt. Partien seiner Ex-Klubs schaut er sich regelmäßig und in aller Ruhe im heimischen Wohnzimmer an, wenn er nicht gerade mit seiner Frau Beatrix einen Spielfilm zur Entspannung sieht oder sich bei Musik von Ludwig van Beethoven entspannt, seinem Lieblingskomponisten. Auch bei Länderspielen schaltet er ein, nur muss es nicht mehr jeder mittelklassige Kick sein. »Ich freue mich auf echte Klassiker. Die sind dann natürlich ein Muss.« Dass Ottmar Hitzfeld ein Fußballspiel anders, analytischer ansieht als der gemeine Fußballfan, ist auch klar. »Man schaut schon mit Traineraugen. Ich sehe mir im Vorfeld die Aufstellung an, dann weiß ich, wer wo spielt, wie die Taktik ist.« Das geschulte Auge sieht dann auch: »Wie agieren die Spieler, wie ist das Abwehrverhalten, wie ist die Ausstrahlung der Mannschaft, die Körpersprache der Spieler?« Ganz so intensiv wie früher, als er für die Videoanalyse von Spielen ganze Nachtschichten einlegte und die Bänder immer wieder vor- und zurückspulte, um den Matchplan und die taktische Grundordnung einer Mannschaft zu durchschauen, beobachtet er die Partien freilich nicht mehr. »Ich mache mir auch keine Notizen mehr, weil ich keine Spieler mehr beobachte. Für mich ist das jetzt Hobby.« Taktisch, so sagt der Trainerfuchs, gehe es heutzutage ohnehin oft nur um Nuancen, »je nachdem welcher Spielertyp reinkommt, ob ein Trainer Risiko geht«. Dafür hat er direkt ein passendes Beispiel parat: »Bei der WM 2018 zum Beispiel hat Joachim Löw beim entscheidenden 0:2 gegen Südkorea Risiko gespielt und ist halt bestraft worden. Aber es ging ja darum, den Ausgleich oder den Siegtreffer zu erzielen. Da muss man alles riskieren.«

Hitzfelds Worte lassen erahnen, dass der Fußball im Traineralltag längst nicht mehr nur die »schönste Nebensache der Welt« ist, wie es ja trotz der Entwicklung der letzten Jahrzehnte immer noch heißt, in denen dieser Sport zu einem großen Kommerzspektakel geworden ist und sich die Vereine zu großen Wirtschaftsunternehmen entwickelt haben. Wirklichen Spaß am Fußball erleben Trainer wohl eher selten. »Ein Trainer lebt in einer Welt des Leistungssports, bei der Ergebnisse zählen. Bei der nicht die Art und Weise entscheidend ist, wie man spielt, sondern nur dass man erfolgreich spielt. Die Zuschauer, die Fans wollen gewinnen.« Er und jeder seiner Kollegen wollen nach Möglichkeit beides verbinden, aber das gelinge längst nicht immer. »Viele fordern zum Beispiel, junge Spieler zu entwickeln. Aber das ist leichter, wenn es läuft. Im Tagesgeschäft geht es häufig erst mal drum, Ergebnisse zu liefern.« Um junge Spieler zu entwickeln, ihnen eine echte Chance zu geben, dafür fehle einem Trainer schlicht und einfach die Zeit. Übrigens auch, um taktische Neuerungen einzuführen. »Für einen Trainer geht es immer um den Ist-Zustand, um die Geschlossenheit der Mannschaft, um Automatismen. Deshalb werden im Training Spielzüge und defensives Verhalten einstudiert, also, wer wo zu stehen hat.«

Fragt man Michael Henke, Hitzfelds Assistent bei dessen wichtigsten Trainerstationen in Dortmund und München, fällt nicht nur einmal das Wort »Professionalität«, wenn er auf seinen einstigen Chef zu sprechen kommt. Natürlich war der Fußball für Ottmar Hitzfeld eine Berufung, das betont er immer wieder. Leicht hat er seine Jobs aber nie genommen, sondern mit großer Ernsthaftigkeit und immer mit dem Ziel, das Beste für den Verein, die Mannschaft und das Trainerteam zu erreichen. »Als Trainer wirst du dafür bezahlt, dass du erfolgreich bist. Meine Stärke war immer, mich auf das Jetzt zu konzentrieren, jetzt Leistung zu bringen! Wenn man jetzt Leistung bringt, hat man viele Möglichkeiten. Man muss immer das Vertrauen des Vereins rechtfertigen, bei dem man gerade sein Geld verdient.«

Vertrauen rechtfertigen – kaum ein anderer Fußballlehrer hat diese Vorgabe wohl jemals so gut eingelöst wie Ottmar Hitzfeld. Welcher Trainer kann schon von sich behaupten, nie bei einem Klub vorzeitig entlassen worden zu sein? Und schon als Spieler war der Lörracher jemand, auf den sich die Klubs, bei denen er unter Vertrag stand, immer verlassen konnten. Da eiferte einer ganz offensichtlich einem seiner Idole nach. »Mein erstes Flutlichtspiel war FC Basel gegen den HSV, da hat noch Uwe Seeler gespielt«, erinnert sich Hitzfeld mit Begeisterung an den Tag, der sein Leben bewusst oder unbewusst nachhaltig beeinflusste. »Als wir ins Stadion kamen, plötzlich der Rasen hellgrün war, das war wie das Paradies für mich. Alles war hell – es war wie eine Erscheinung.« Auch wenn es nur ein Freundschaftsspiel war, in dem es nicht um Punkte oder ums Weiterkom-

men ging: An diesem Abend hat sich Ottmar Hitzfeld endgültig mit dem Fußballvirus infiziert. Klar hatte er als Kind
und später als Teenager auch andere Interessen, betrieb
viele andere Sportarten und hatte für seine Lebensplanung
einen alternativen Plan B in der Tasche. Aber der Fußball
ließ Hitzfeld von diesem Tag an einfach nicht mehr los.
Dabei war seine Heimatstadt Lörrach in den 1960er-Jah-
ren nicht gerade als Fußballstadt oder Talentschmiede
bekannt. Die Kreisstadt im Markgräflerland im Südwes-
ten Baden-Württembergs, unmittelbar im Dreiländereck
Deutschland – Schweiz – Frankreich gelegen, kannte man
bestenfalls als Sitz der Schokoladenfabrik Mondelez, als
Ausflugsziel wegen seiner Burg Rötteln oder durch seine
Fasnachtsumzüge, die ja im Alemannischen eine ganz besondere Ausprägung und speziell in Lörrach eine lange Tra-
dition haben. Sport, und insbesondere Fußball, spielte in
der heute knapp 50 000 Einwohner zählenden Stadt nur
eine untergeordnete Rolle. Und nachdem Ottmars Groß-
vater den Fußball als ordinären Arbeitersport abgetan und
komplett abgelehnt hatte, ist es erst recht erstaunlich, wie
sich das Leben des Jungen aus dem Ortsteil Stetten entwickelte. Immerhin förderte Vater Robert das Hobby seines
jüngsten Sohnes, den er auf den Namen eines der Helden
von Bern hatte taufen lassen: Ottmar Walter vom 1. FC Kaiserslautern. Robert Hitzfeld, als Zahnarzt in der Lehrerdy-
nastie sowieso eine Art »Außenseiter«, hatte sich, nachdem
er sich von seinem Vater nicht beim heimlichen Fußball-
spielen erwischen lassen durfte, geschworen: Meine Kinder dürfen dem runden Leder hinterherjagen, wenn sie das

eines Tages wollen. Und genau das tat Ottmar, wenn auch damals noch ohne den Hintergedanken, dass dies irgendwann sein Beruf werden könnte. Seine Mutter, so wird immer wieder erzählt, hätte gerne gesehen, dass er Priester geworden wäre. Und aufgrund der Tatsache, dass die Hitzfelds bis auf Ottmars Vater alle Pädagogen gewesen waren, schien zumindest seine Zukunft als Lehrer vorgezeichnet. Tja, wenn da nicht der Fußball gewesen wäre!

Als Schüler spielte er zunächst für den TuS Stetten: Und der schmächtige Stürmer war in seinen Mannschaften bald der wichtigste Spieler. Er spielte so gut, dass er früh die Aufmerksamkeit anderer Vereine auf sich zog. Und das war gar nicht so einfach in einer Zeit, in der es noch kein »Scouting« gab, keine systematische Talentsuche, wie sie heute gang und gäbe ist. Hitzfeld war schmächtig, aber sehr torgefährlich, schnell, ja richtig gut. Regelmäßig spielte der quirlige Angreifer und talentierte Dribbler die Abwehrreihen der gegnerischen Mannschaften schwindelig. Alleine für die C-Jugend schoss er in 63 Partien sage und schreibe 132 Tore. Der Teenager, der statt der Schullektüre lieber Biographien über Brasiliens Jahrhundertfußballer Pelé oder den damaligen spanischen Superstar Alfredo di Stéfano las und in jeder freien Minute raus auf den Bolzplatz ging (»Fußball war immer meine Leidenschaft, als Kind sowieso. Ich habe jeden Tag zwei, drei Stunden gebolzt«), hatte seine Berufung gefunden. Anders als sein größerer Bruder Winfried, zu dem er aufschaute, der als Vorstopper aber in der Abwehr spielte, wollte Ottmar Tore schießen und seinen Idolen von den »Königlichen« aus Madrid und Uwe Seeler vom Hamburger SV nacheifern. An die geniale Angriffsreihe mit Alfredo Di Stéfano, Ferenc Puskás und Francisco Gento von Real Madrid in deren erfolgreichster Phase Ende der 1950er-Jahre erinnert sich Hitzfeld noch heute gerne. Das sogenannte weiße Ballett beeindruckte ihn nachhaltig. Der Gedanke, dass der Fußball eines Tages mehr werden könnte als nur ein Hobby, kam ihm damals allerdings noch nicht: »Ich hatte als Kind nie Träume, mal Profifußballer zu werden. Davon war ich weit entfernt«, erinnert er sich. Ehrgeizig war er allerdings damals schon. Anders als andere Kinder, die wie er auf der Straße oder im Verein kickten, arbeitete der junge Hitzfeld systematisch an seinem Spiel und seiner Kondition. »Sport war mein Hobby. Ich habe jede Minute genutzt, um Sport zu machen, mich selbst zu trainieren, Waldläufe zu machen usw. Mein Ziel war es, für Lörrach zu spielen.« Doch schon beim TuS Stetten war Hitzfeld stolz darauf, in der A-Jugend Fuß gefasst zu haben. Als der Schritt in die erste Mannschaft folgen sollte, war für ihn aber Schluss beim TuS. »Als ich in die erste Mannschaft gekommen wäre, bin ich zu Lörrach gegangen, die eine Klasse höher spielten. Das hat mir den ersten Krach mit meinem Bruder eingebracht, weil der beim TuS gespielt hat und mit mir zusammenspielen wollte«, so Hitzfeld. Den Wechsel zum größeren Lokalrivalen begründet er heute mit seinem Ehrgeiz: »Der Wille war da, in einer besseren Mannschaft spielen zu können.« Da halfen dann auch brüderliche Bande nichts mehr. Spätestens mit Hitzfelds Berufung in die Südbaden-Auswahl, für die er insgesamt 17-mal auflief, stand er bald über die Grenzen

Stettens und Lörrachs hinaus bei vielen Vereinen auf dem Zettel. Hitzfeld wollte aber nicht irgendwohin. In Lörrach hatte er sein gewohntes Umfeld und fühlte sich wohl. Woanders hinzugehen, kam nicht in Frage. Auch der FC Basel, ja nur einen Steinwurf über die nahe Grenze entfernt, war zu diesem Zeitpunkt noch keine Option. »Nein, da habe ich noch nicht an Basel gedacht. Erst als ich dann Torschützenkönig war, hat sich's ergeben.« Und zum zweiten Mal in seinem Leben spielte Uwe Seeler wieder eine nicht ganz unbedeutende Rolle. Denn das große Fußballidol war es, das Jahre später nach einem Freundschaftsspiel des FV Lörrach gegen den HSV am 22. Juli 1970 den Lokalreportern in die Blöcke diktierte, dass ihm die »Nummer 9« der Lörracher besonders aufgefallen sei. Der »schnelle Dünne im Sturm« könne ein »ganz Großer« werden, sagte »Uns Uwe« über Hitzfeld. »Allerdings »nur wenn er hier weggeht. Er muss zu einem gescheiten Verein in der Bundesliga!« Hitzfeld, der dies tags darauf in der Zeitung las, zog seine Schlüsse und dachte sich: Wenn ein Uwe Seeler so viel von mir hält, dann bin ich als Fußballer vielleicht doch zu Höherem berufen. Die deutsche Bundesliga war dem Heimat liebenden Hitzfeld zwar noch eine Nummer zu groß und vor allem zu weit weg von zuhause. Aber es gab ja noch den FC Basel. Die Worte Seelers jedenfalls gaben mit den Ausschlag dafür, dass sich Hitzfeld Anfang 1971 ein Herz fasste und Basels Trainer Benthaus anrief – wie er heute selbst sagt, »der entscheidende und wichtigste Schritt in meiner Karriere«. »Ich hatte zu dem Zeitpunkt schon ein Angebot vom FC Moutier. Die wollten mich unbedingt. 10 000 Franken

Handgeld hätte ich bekommen. Da habe ich dann aber gedacht: Wenn mich Moutier will, dann kann ich auch bei Basel anfangen. So kam die Idee auf.« Moutier spielte damals in der Schweizer Nationalliga B, der FC Basel in der höchsten Spielklasse, der Nationalliga A. Für einen selbstbewussten Torschützenkönig aus der 3. Liga, damals immerhin noch eine reine Amateurliga, machte dies aber kaum einen Unterschied. Und so kam es zum schon erwähnten Telefonat mit Basels Cheftrainer Helmut Benthaus. »Da gehört schon eine Portion Selbstvertrauen dazu. Trotzdem musste ich mir selbst Mut zusprechen und mich überwinden – so wie ich halt bin, ein bisschen zurückhaltend«, sagt Hitzfeld, der sich dann aber die Nummer aus dem Telefonbuch heraussuchte und sich ein Herz fasste. »Ich habe mich ja gewundert, dass er überhaupt mit mir spricht. Er hat mich erst vertröstet und gesagt, ich solle wieder anrufen. Da dachte ich schon, das war's«, so Hitzfeld. »Aber nach einer Woche sagte er, ich soll vorbeikommen. Da bin ich mit meinem VW Käfer nach Basel gefahren, um das Probetraining am Landhof zu absolvieren.«

Nachdem Ottmar Hitzfeld seinen Entschluss gefasst hatte, wollte er es richtig machen und seine Chance beim Schopfe packen. Daher ließ er sich nicht blauäugig auf das Probetraining mit den zum großen Teil sehr erfahrenen und ausgebufften Erstligaspielern wie Nationalspieler Karl Odermatt, FC-Basel-Legende Otto Demarmels oder dem späteren Bundesligacoach Jürgen Sundermann ein, sondern bereitete sich speziell auf die Einheiten vor. Hitzfeld wusste: Beim FC Basel herrschte Halbprofitum. Die Spieler trainierten abends, weil die meisten von ihnen am Tag ordentlichen Berufen nachgingen. Also legte sich Hitzfeld nachmittags ein bisschen hin, um später auf dem Trainingsplatz ausgeruht und fit zu sein. Der Plan ging auf. Hitzfeld zeigte im Training, was er kann. Und selbst blutige Blasen an den Füßen, die ihn am zweiten Trainingstag plagten, konnten ihn nicht stoppen. »Nein. Wenn man so eine Chance hat, dann muss man das durchziehen. Das ist klar«, sagt er noch heute. Benthaus stellte das Training an jenem Tag etwas um, schließlich wollte er den schmächtigen, damals gerade mal 63 Kilogramm leichten Probespieler in Aktion sehen. Vom Auftritt des Trainingsgastes waren nicht nur die arrivierten Spieler wie Demarmels beeindruckt, sondern auch der, den Hitzfeld überzeugen musste: Helmut Benthaus. Dem Hitzfeld-Biographen Josef Hochstrasser sagte er: »Im ersten Moment kam mir Ottmar naiv vor, sehr schnell habe ich aber gemerkt, dass er ganz clever taktierte, er wusste haargenau, was er wollte, war fähig, sich durchzusetzen, visierte ein Ziel an und unternahm alles, es zu erreichen, nichts überließ er dem Zufall.« Auf den ersten Blick habe er gesehen: »Da ist tatsächlich mehr drin als bei anderen.« Benthaus war beeindruckt von den Fähigkeiten und dem Ehrgeiz des jungen Stürmers, und das so sehr, dass er der Legende nach noch während dieses ersten Probetrainings zur Vereinsführung gegangen sein und gesagt haben soll: »Meine Herren, da unten auf dem Platz könnte uns ein Schnäppchen über den Weg gelaufen sein, mit diesem Hitzfeld sollten wir einen Vertrag machen.«

»Wenn ich mich entschieden habe für eine Station, dann ohne Wenn und Aber.«

Geschafft! Für Ottmar Hitzfeld ging an diesem Tag ein Traum in Erfüllung. Ein Vertrag beim FC Basel, bei den Rot-Blauen, die er vor kurzem noch von der Tribüne aus angefeuert hatte – unglaublich! Wer nun aber glaubt, da wäre ein junger Spieler gewesen, der sein Ziel erreicht hatte und der nun mit Kusshand und ohne lange nachzudenken das erstbeste Vertragsangebot annehmen würde, täuscht sich. Das ist umso erstaunlicher, wenn man bedenkt, dass Anfang der 1970er-Jahre der Beruf des Spielerberaters, wie ihn heute jeder halbwegs talentierte zwölfjährige Nachwuchskicker an seiner Seite hat, de facto noch gar nicht erfunden war. Hitzfeld aber war auch in diesem Punkt anders. Während andere Spieler naiv waren oder sich nicht trauten, Forderungen zu stellen, trat Hitzfeld selbstbewusst auf und brachte seinen Bruder Winfried zu den Verhandlungen mit. Der arbeitete bereits als Rechtsanwalt in Basel und übernahm die Vertragsgespräche. »Das war ganz schön selbstbewusst«, so Benthaus in der Hitzfeld-Biographie, »ein unbekannter Spieler von einem Provinzklub steigt mit einem Juristen an seiner Seite und mit klaren Vorstellungen in die Vertragsverhandlungen mit dem großen FC Basel ein.« So kam es, dass ihm der 1893 gegründete Traditionsklub, damals gerade zweimal hintereinander Schweizer Meister geworden, im ersten Jahr 600 Franken pro Monat zahlte. Ein sehr ordentlicher Vertragsabschluss für einen Erstliga-Neuling, der gleich noch einen Sonderpassus durchsetzte und im Vertrag verankerte: Der 22-Jährige wollte zunächst mit Amateurstatus spielen, denn: Wäre er als Profi in Basel gescheitert und hätte wieder zu einem Amateurverein wechseln wollen, wäre er nach den damaligen Statuten für ein Jahr gesperrt worden. Dieses Risiko war Hitzfeld zu hoch. Erst eineinhalb Jahre später erhielt er einen Profivertrag. Da hatte er sich allerdings längst durchgesetzt.

Schon damals versuchte Hitzfeld, das Beste für sich auszuhandeln. Er war clever genug zu wissen, dass er alleine sich womöglich über den Tisch ziehen lassen würde. Und auch wenn er damals für ein warmes Essen pro Tag für den FC Basel gespielt hätte, engagierte er schon bald einen, der ihn in solchen Fragen unterstützte: »Dr. Ratz war einer der Ersten, die in der Schweiz Berater waren. Er war ein Klient meines Bruders. Immer wenn ich in Basel war, konnte ich ihn um Rat fragen, hören, was er zu dieser oder jener Sache meinte. Mit der Zeit ist daraus eine Freundschaft entstanden«, erinnert sich Hitzfeld. »Und er hat zehn Prozent vom Handgeld bekommen, das es damals noch von den Vereinen gab. Deshalb wurde er auch ›Mister 10 Prozent‹ genannt.« Ein guter Geschäftssinn, ein überlegtes Vorgehen bei Vertragsgesprächen zeichneten Hitzfeld also bereits in jungen Jahren aus. Auch später als Trainer war er ein harter Verhandlungspartner, denn – gerade so, als hätte er die Regeln für erfolgreiche Verhandlungsführung verinnerlicht, über die es heute meterweise Fachliteratur gibt – überlegte sich Hitzfeld immer vorher, was er für sich aushandeln wollte und wo seine Schmerzgrenze war: »Ich habe einfach überlegt, was ich wert bin«, sagt er lapidar, als wäre das die einfachste Sache der Welt. Und weiter: »Wenn man Verhandlungen führt, muss man klare Ziele haben und auch wissen, was üblich ist. Man weiß genau: Wenn ich jetzt entscheide, ist es endgültig. Ich darf dann hinterher nicht sagen: ›Oh, da hätte ich vielleicht eine andere Strategie anwenden müssen‹. Ich muss hart sein, denn in dieser Stunde wird eben für zwei, drei Jahre entschieden, was ich verdiene.« Hitzfeld vergleicht Vertragsgespräche mit einem Pokerspiel: »Da muss man auch Härte zeigen.« Von Dr. Georg Otto Ratz lernte er jedenfalls eine Menge – so viel, dass er später als Trainer alleine verhandelte. »Am Anfang meiner Karriere war Ratz noch sehr wichtig für mich. Ich habe viel von ihm gelernt. Aber als Trainer wollte ich selbst meinen Mann stehen und Verantwortung übernehmen. Ich verstehe Trainer nicht, die verhandeln lassen. Denn in der Krise müssen sie die Mannschaft nachher auch selbst führen.«

Schon als Spieler dauerte es nicht allzu lange, bis Hitzfeld Verantwortung auf dem Platz übernahm und zu einer Führungspersönlichkeit aufstieg. Beim FC Basel war er zunächst der von den Arrivierten skeptisch beäugte Nobody. Doch sein Ehrgeiz auf dem Rasen und seine verbindliche Art neben dem Platz sorgten dafür, dass er sich schnell integrierte. Innerhalb der Mannschaft galt er als lustiger, verlässlicher und ehrlicher Mitspieler, der nicht sein Ego in den Vordergrund stellte, sondern immer den Erfolg der Mannschaft. Dass er mit allem, was er hatte, um einen Platz in der Basler Startelf kämpfte, ist kein Widerspruch. »Jedes Training war für mich wie ein Meisterschaftsspiel. Ich habe mich auf jedes Training vorbereitet«, so Hitzfeld im Rückblick. Wie schon bei seinem Probetraining kam ihm dabei zugute, dass er als Student, der er damals war, keinem Ganztagesjob nachgehen musste. »Abends um 18 Uhr war Training. Ich konnte mittags immer noch eine Stunde schlafen und mich aufs Training vorbereiten. Vor allem mental.« Noch so eine Angewohnheit, die Ottmar Hitzfeld seine gesamte Karriere durchzog. Durch mentales Training versprach er sich einen Vorteil gegenüber seinen Mitspielern. »Autogenes Training, Atemübungen, Chakras – so habe ich mich immer selbst diszipliniert und mich eben auch auf Spielsituationen vorbereitet. Ich habe alles durchgespielt im Kopf und so versucht, meine Bewegungsabläufe zu automatisieren. Wenn ich nachher im Spiel solche Situationen hatte, konnte ich meine Aktionen schneller abrufen, schneller Entscheidungen treffen.«

Der Tag seines Debüts im Trikot der Rot-Blauen kam schneller erwartet, vor allem wenn man bedenkt, dass Trainer Benthaus damals kaum einen Wechsel seiner Startelf vornahm. Aber am 21. August 1971, im Punktspiel bei Servette Genf, ließ er Hitzfeld als Stürmer auflaufen. Und die Nummer elf enttäuschte ihn nicht. Mit zwei Treffern sorgte er quasi im Alleingang für den 2:0-Sieg beim amtierenden Schweizer Pokalsieger. »Ich war bereit dazu, habe gebrannt und mich voll auf die Sache konzentriert«, so Hitzfeld. »Ich konnte alles andere ausblenden und war auch nervenstark. Und ich hatte Glück, dass ich in der Verfassung war.« 14 weitere Tore sollten in der Saison 1971/72 folgen. Der zuvor unbekannte Deutsche hatte sich in die Mannschaft gespielt. Der FC Basel verlor nur ein einziges Spiel und wurde mit 66:28 Toren und 43 Punkten zum damals fünften Mal Schweizer Meister vor den beiden Züricher Klubs

FC und Grasshoppers. In der Torschützenliste belegte Hitzfeld Platz drei. Lediglich Herbert Dimmeler (FC Winterthur) und sein deutscher Landsmann Bernd Dörfel (Servette Genf) trafen einmal häufiger. Schon ein Jahr später holte sich Hitzfeld dann gemeinsam mit dem Schweden Ove Grahn von Lausanne Sports die Torjägerkrone. Der FC Basel feierte erneut die Meisterschaft und zog ins Finale des Schweizer Cups ein, wo man wie im Vorjahr dem FC

Zürich unterlag. Was für ein Raketenstart für den jungen Mann, der zwei Jahre zuvor noch dachte, er würde Sport- und Mathematiklehrer werden und bestenfalls nebenbei ein bisschen Fußball spielen. Sein Talent und Torriecher sprachen sich schnell herum. So flatterten bald nicht nur Angebote aus der deutschen Bundesliga herein. Auch der Trainer der Amateurnationalmannschaft der Bundesrepublik Deutschland, der spätere Bundestrainer Jupp Derwall, interessierte sich für den »Vollstrecker« des FC Basel. Kurzerhand rief er seinen alten Freund Helmut Benthaus an und fragte ihn, was er von Hitzfeld halte. »An deiner Stelle würde ich ihn ausprobieren«, soll Benthaus geantwortet haben. Also machte sich Derwall auf den Weg nach Basel, um sich im St. Jakob-Stadion (seit dem Umbau im Jahr 2001: St. Jakobs-Park) eine Partie des FCB anzusehen. Beim 4:0-Heimsieg im Topspiel gegen den späteren Vizemeister und Pokalsieger FC Zürich überzeugte Hitzfeld den deutschen Trainer nicht nur, weil er wieder einmal einen Treffer erzielte. So rutschte Ottmar Hitzfeld, den in Deutschland wirklich nur die größten Experten kannten, erst ins vorläufige Olympiaaufgebot und schließlich – nachdem er in den Testspielen regelmäßig getroffen hatte – in den Kader der deutschen Olympiamannschaft, wo er plötzlich in einer Reihe mit dem späteren Europa- und Vizeweltmeister Manfred Kaltz (Hamburger SV), Ronald Worm (MSV Duisburg), Bernd Nickel (Eintracht Frankfurt) und einem gewissen Uli Hoeneß stand.

Das Olympiaturnier endete zwar mit dem Aus in der Zwischenrunde, und das ausgerechnet gegen den »Bruderfeind« DDR. Hitzfeld wird dieses Turnier dennoch immer positiv im Gedächtnis behalten: »Für Deutschland mit dem Wappen auf der Brust aufzulaufen und im Olympischen Dorf zu wohnen, das war neben dem Bundesligaaufstieg mit dem VfB Stuttgart 1977 einer der Glanzpunkte meiner sportlichen Karriere als Spieler.« Der damals 23-Jährige, der extra für Olympia sein Lehrerexamen um ein Jahr verschob, genoss es, die Atmosphäre im Olympischen Dorf aufzusaugen, Athleten anderer Sportarten aus anderen Nationen zu treffen, einfach nahe am Geschehen zu sein. »Ich war oft in der Mensa, da lief immer Musik und man sah den einen oder anderen Olympiasieger. Das war auf jeden Fall etwas Besonderes«, so Hitzfeld. Leider änderte das Olympia-Attentat am 5. September 1972 alles. Die vorher fröhliche, freundschaftliche Stimmung kippte komplett. »Das war vielleicht zwei, drei Blöcke weiter. Wir haben das hautnah mitgekriegt.« Dennoch findet es Hitzfeld bis heute richtig, dass die Spiele nicht abgebrochen wurden, sondern gemäß den berühmten Worten des damaligen IOC-Präsidenten Avery Brundage (»The Games must go on!«) fortgesetzt wurden. »Es war wichtig, dass man weitergemacht hat. Da hat man die richtige Entscheidung getroffen, sich dem Terror nicht zu beugen. Aber die Stimmung war dann natürlich kaputt.« Der Blick zurück ist also durchaus getrübt. Dabei lief das Turnier für Hitzfeld persönlich glänzend. Das Auftaktspiel am 27. August im Münchner Olympiastadion gegen Malaysia endete 3:0 für die deutsche Mannschaft. Hitzfeld wurde in der 78. Spielminute für Ronny Worm eingewechselt. Beim zweiten Match gegen Marokko nur zwei Tage später im Dreiflüssestadion in Passau stand Hitzfeld bereits in der Startelf und traf zum 3:0-Endstand. Und auch in der dritten Vorrundenpartie glänzte Hitzfeld wieder als Torschütze – beim 7:0-Erfolg gegen die USA in München markierte er das 3:0. Ohne Punktverlust und Gegentreffer zog die deutsche Mannschaft in die Zwischenrunde ein, wo mit Mexiko, Ungarn und der DDR nun deutlich stärkere Gegner warteten. Beim 1:1 gegen Mexiko in Nürnberg brachte Hitzfeld die deutsche Elf früh mit 1:0 in Führung. Es reichte aber nicht zum Sieg. In München setzte es gegen den späteren Silbermedaillengewinner Ungarn eine 1:4-Niederlage (Torschütze: Hitzfeld), ehe es am 8. September in München zur vorentscheidenden Partie gegen die DDR kam. »Das war natürlich ein besonderes Spiel gegen Ostdeutschland, denn es war das erste Aufeinandertreffen der beiden Mannschaften überhaupt. Da wurde viel geschrieben«, so Hitzfeld. »Wir dachten, die sind vielleicht anders gestrickt oder anders erzogen, aber das waren auch alles gute Typen. Auf dem Platz haben wir uns gut verstanden.« Zwar trafen Hoeneß und Hitzfeld für die DFB-Auswahl. Durch Tore von Jürgen Pommerenke, Joachim Streich und Eberhard Vogel ging aber die DDR als Sieger vom Platz. Die »BRD« war ausgeschieden. Für Ottmar Hitzfeld endete damit bereits seine Nationalmannschaftskarriere – und das obwohl ihm in jeder der fünf Partien, in denen er in der Startelf stand, auch ein Treffer gelang. Nur Bernd Nickel war im Turnier mit sechs Toren noch erfolgreicher. Wie Hitzfeld schaffte aber auch Nickel nicht den dauerhaften Sprung in die A-Nationalmannschaft, die im selben Jahr Europameister wurde. Obwohl er bis heute mit 141 erzielten Ligatreffern der torgefährlichste Mittelfeldspieler der Fußball-Bundesliga ist, kam Nickel nur zu genau einem A-Länderspiel, als er 1974 im EM-Qualifikationsspiel auf Malta (1:0) eingewechselt wurde. Hitzfeld wurde nie in die A-Nationalmannschaft berufen.

Hitzfelds starke Auftritte bei den Olympischen Spielen riefen gleich mehrere Bundesligaklubs auf den Plan, die ihn nach Deutschland lotsen wollten. Ein Angebot des FC Bayern München lehnte Hitzfeld dankend ab, da er nicht glaubte, den großen Gerd Müller oder Uli Hoeneß im Sturm verdrängen zu können. »Das habe ich mir dann doch nicht zugetraut, und ich hatte Angst vor der Bank.« Aber auch Eintracht Frankfurt, der 1. FC Köln, Fortuna Düsseldorf und Hertha BSC streckten ihre Fühler nach Hitzfeld aus, ebenso wie Klubs aus dem Ausland. Hitzfeld hatte allerdings bis 1975 einen Vertrag beim FC Basel. Diesen zu brechen, kam für ihn nicht in Frage. Und so feierte Hitzfeld mit seinen Baslern insgesamt zwei Meisterschaften (1972 und 1973) und einen Pokalsieg (1975). Außerdem erlebte er einige unvergessene Abende im Europapokal der Landesmeister, wo er in der Saison 1973/74 eine seiner besten Partien überhaupt ablieferte. Ein Jahr vorher noch in der ersten Runde an Ujpest Budapest gescheitert, erreichte der FCB durch zwei Siege über Fram Reykjavik das Achtelfinale, wo der belgische Meister FC Brügge wartete. Nach dem 1:2 im Hinspiel in Brügge musste am 7. November 1973 zuhause im »Joggeli«, wie das Basler Stadion genannt wird, ein Sieg her – am besten mit zwei Toren Unterschied.

34 Nach früher Führung durch ein Eigentor von Brügges deutschem Abwehrspieler Rolf Rüssmann geriet der FC mit 1:2 in Rückstand. 12 236 Zuschauer, so die offizielle Zahl, sahen dann den Glanzauftritt ihres Stürmers Ottmar Hitzfeld: Zweimal, beim Stand von 3:3 und 4:4, brachte der Deutsche den FC Basel durch Treffer in der 63. und 70. Minute in Führung. Schließlich sorgte er durch das 6:4 für den Schlusspunkt in einem denkwürdigen Spiel. Basel schaffte den Einzug ins Viertelfinale, wo Celtic Glasgow schließlich Endstation war. Dabei spielten auch unglückliche äußere Umstände mit. Basel hatte nach der Winterpause noch keinerlei Spielpraxis, zudem wurde das Hinspiel in der Schweiz wegen der Fasnacht um eine Woche vorverlegt. Dank der Treffer von Hitzfeld und Karl Odermatt drehte Basel das erste Spiel und siegte mit 3:2. Im Rückspiel im Celtic Park bekamen es die Basler auf tiefem Boden dann nicht nur mit hochmotivierten Celtic-Spielern, sondern auch mit 70 000 schottischen Fans zu tun, die ihr Team frenetisch anfeuerten. Früh lag der FCB 0:2 zurück, doch Basel meldete sich durch Tore von Walter Mundschin und Walter Balmer zurück. Celtic rettete sich durch das 3:2 in die Verlängerung. Dort traf Mittelfeldspieler Steve Murray zum 4:2 für die Schotten – der FC Basel war ausgeschieden.

Das Erreichen des Viertelfinals im damaligen Europapokal der Landesmeister ist bis heute einer der größten internationalen Erfolge in der Vereinsgeschichte des FC Basel. Ottmar Hitzfeld gehört zu jenen Spielern, die dafür in Basel bis heute fast so sehr verehrt werden wie Sepp Maier und Georg Schwarzenbeck in München oder Michael Zorc und Lars Ricken in Dortmund. Auch deshalb hat Hitzfeld **35** seinen Frieden mit seiner Spielerkarriere gemacht, ungeachtet dessen, dass er vielleicht das Potenzial gehabt hätte, noch mehr zu erreichen als »nur« ein B-Länderspiel und eine Spielzeit in der deutschen Bundesliga, in der er es auf 22 Einsätze und fünf Treffer für den VfB Stuttgart brachte. Schwer zu beurteilen, ob es das für ihn so typische Understatement ist, wenn es um seine Person geht, oder nüchterner Realismus, wenn er sagt: »Ich glaube nicht. Der Sprung wäre zu groß gewesen. Die Schweiz war schon das richtige Niveau für mich.« Unter anderem macht er gesundheitliche Probleme dafür verantwortlich. Als Kind sei er einmal aus dem ersten Stock des Hauses gefallen. Daher rühre ein Beckenschiefstand, der durch die Belastungen als Profi mehr und mehr zum Problem wurde und der regelmäßig mit Spritzen behandelt werden musste. Ganz sicher werden einige seiner früheren Mannschaftskameraden bei diesen Worten ungläubig mit dem Kopf schütteln. Aber es ist müßig, darüber nachzudenken, was aus ihm noch hätte werden können. Einer möglichen größeren Karriere nachzutrauern, ist Hitzfelds Sache nicht: »Ich war total zufrieden mit meiner Spielerkarriere, weil ich mir mehr auch nicht vorstellen konnte. Ich habe immer alles gut überlegt und zu dem Zeitpunkt so entschieden.«

Neben seiner Vertragstreue gab es Anfang der 1970er-Jahre aber noch weitere gute Gründe, die gegen einen Wechsel weg aus der Schweiz sprachen: »Bei dem Angebot aus Berlin hatte ich kein gutes Gefühl und bin geblieben. Auch hätte ich nach Belgien gehen können, dachte dann aber, Basel ist gerade gut für meine Karriere und mein Leben. Ich war nicht bereit, wegzuziehen.« Weit weg von seiner Heimatstadt, seinem gewohnten Umfeld, ja auch seiner Eltern zu sein, damit war Hitzfeld nie glücklich. »Für mich war die Heimat wichtig, da wollte ich gar nicht nach Köln oder Berlin.« Eine Begebenheit aus seiner Kindheit ist daran sicher nicht ganz unschuldig. Im Alter von zwölf Jahren schickten ihn seine Eltern für einige Wochen auf ein Internat, das zu einem Missionsgymnasium in der Ostschweiz gehörte. Der Junge, der damals kein Gramm Fett am Körper hatte, sollte dort an Gewicht zulegen. Doch der kleine Ottmar hatte furchtbares Heimweh und kam nach einigen Wochen abgemagerter nach Hause, als er losgeschickt worden war. Das Heimweh wurde seitdem zu einem immer wiederkehrenden Gefühl in seinem Leben: »Das steckt in mir drin und stand bei all meinen Entscheidungen auch immer mit im Vordergrund«, erzählt er. »Ich hatte immer Heimweh. Bei jeder meiner Stationen war das am Anfang so. Das kann man nicht erklären, man kann auch nichts dagegen machen.« Als Hitzfeld 1991 mit 42 Jahren nach Dortmund ging, quälte ihn in den ersten Wochen eine schlimme Sehnsucht nach Lörrach. »Das war eine schwer Zeit für mich, denn ich konnte das ja nicht sagen. Da hätte jeder gedacht, was ist das für ein Weichei!« Überlegungen, sich aus seinem Vertrag beim BVB herauszukaufen, legte er – alle BVB-Fans werden sagen »zum Glück« – aber dann doch ad acta. »Ich habe mich selbst überwunden weiterzumachen, denn es war eine sportliche Chance.« 1975 war es ganz ähnlich. Hitzfeld gehörte beim FC Basel zu den gefeierten Stars, war Torschützenkönig gewesen. Alles passte perfekt. Wenn da nicht auf der anderen Seite sein Ehrgeiz gewesen wäre und die ewig drängende Frage: Kann ich als Fußballer vielleicht nicht doch noch mehr erreichen? Hitzfeld war klar: Um auf das nächsthöhere Level als Spieler zu kommen, musste er nach Deutschland wechseln, wie es Uwe Seeler ja schon einige Jahre vorher empfohlen hatte. Als schließlich sein letztes Halbjahr bei den Baslern anbrach, beschloss er, ein Angebot aus Deutschland anzunehmen: Der VfB Stuttgart, zu dieser Zeit Bundesligist, hatte angeklopft. Schon weil die schwäbische Metropole nicht so weit von Lörrach weg war wie Berlin, Köln oder Düsseldorf, war Hitzfeld dieses Angebot das sympathischste. »Ja, sicher war es auch die Nähe. Ich konnte öfters nach Lörrach fahren, alle zwei Wochen meine Eltern besuchen, und es war trotzdem Baden-Württemberg wie Lörrach ja auch«, gibt er einen Einblick in seine Beweggründe. »Und vielleicht war es auch der richtige Zeitpunkt, wegzugehen und mal etwas Neues zu erleben.« Typisch Hitzfeld! Auch im Nachhinein stellt er seine Entscheidungen nicht mehr in Frage. Dabei gäbe es gute Gründe dafür. Aus rein sportlicher Sicht muss man nämlich im Nachhinein objektiv sagen, dass Stuttgart wohl der falsche Karriereschritt war. Denn in der Bundesligasaison 1974/75 stieg der VfB zusammen mit dem Wuppertaler SV und Tennis Borussia Berlin überraschend aus der Bundesliga ab. »Ich habe dort zwei Jahre in der damaligen 2. Bundesliga Süd gespielt. Nur: Das wusste ich vorher nicht. Als ich unterschrieben habe, war der VfB nicht in Abstiegsgefahr. Aber so etwas gehört dazu.« Zweifel an der Richtigkeit seiner Entscheidung genehmigt er sich bis heute trotzdem nicht: »Wenn ich mich entschieden habe für eine Station, dann ohne Wenn und Aber. Wenn man Zweifel hegt, macht man sich das Leben nur noch schwerer, als es schon ist.« Also spielte Hitzfeld in Deutschland in der 2. Bundesliga Süd gegen Röchling Völklingen, den KSV Baunatal oder Bayern Hof anstatt gegen den HSV, Borussia Mönchengladbach oder Bayern München. In Stuttgart-Ost bezog er, unweit des VfB-Trainingsgeländes und des Stadions, eine kleine Wohnung. Und er fühlte sich wohl genug, um sich auch beim VfB schnell zu einem der wichtigsten Spieler zu entwickeln. 33 Tore in 55 Zweitligapartien lautet seine sehr ordentliche Bilanz. In der Stuttgarter Aufstiegssaison 1976/77 war er unter seinem früheren Basler Mitspieler Jürgen Sundermann, der inzwischen VfB-Trainer war, mit 22 erzielten Toren maßgeblich am sportlichen Aufschwung des Traditionsvereins und am Wiederaufstieg des Klubs beteiligt. Und was war das für eine Saison für den VfB! Die Schwabenpfeile feierten mit 56:18 Punkten und einem sagenhaften Torverhältnis von 100:36 die Meisterschaft vor dem TSV 1860 München. Der sogenannte

100-Tore-Sturm, zu dem neben Hitzfeld auch Vereinsikone Hermann Ohlicher (damals 15 Saisontore) und Dieter Hoeneß (13 Treffer) gehörten, ist in der baden-württembergischen Landeshauptstadt bis heute legendär. Und auch für Hitzfeld persönlich hielt die Saison 1976/77 einen unvergesslichen Fußballabend bereit: 13. Mai 1977, vorletztes Saisonspiel des VfB gegen den SSV Jahn Regensburg: Es ist ein Flutlichtspiel am Freitagabend, als 39 000 Zuschauer im Neckarstadion Zeuge seines Torrekordes werden, der bis heute Gültigkeit hat. Zum 8:0 (5:0)-Erfolg des VfB steuert Hitzfeld das 1:0, 3:0, 4:0, 5:0, 6:0 und schließlich auch noch das 8:0 bei. Sechs Treffer in einer Zweitligapartie – der blanke Wahnsinn! »Ja, das war ein verrücktes Spiel. Die sechs Tore waren mir fast peinlich«, sagt Hitzfeld und untertreibt maßlos. »Ich stand an diesem Abend einfach immer richtig. In der zweiten Halbzeit wollte ich mich dann eigentlich zurückhalten. Aber es war ein Glückstag. Es gibt so verrückte Spiele.« Oft denke er an diese Zeit nicht mehr zurück. Wenn, dann spricht aber eine gewisse Zufriedenheit aus Hitzfeld, der dem VfB nach nur einem Jahr in der Bundesliga schon wieder den Rücken kehrte. Für Hitzfeld ging es zurück in die Schweiz. Dort ließ er zunächst beim FC Lugano und schließlich beim FC Luzern seine Spielerkarriere in der Nationalliga A ausklingen. Für die Leuchtenstädter absolvierte er noch 147 Partien und traf dabei 86-mal. Nach einer 0:2-Heimniederlage gegen den FC Zürich ging er zum letzten Mal als Spieler vom Platz. Ein unspektakuläres Karriereende. 34 Jahre waren früher zwar noch kein Alter für einen Fußballprofi. Die gesundheitlichen Probleme

forderten aber ihren Tribut. 1983 hängte Hitzfeld die Fuß-
ballschuhe an den Nagel, um sie schon sehr bald als Trainer
wieder zu schnüren.

Sein großes Talent und sein sportlicher Ehrgeiz ermög-
lichten Hitzfeld, den Weg des professionellen Fußballers
einzuschlagen. Ein Weg, der wie erwähnt keineswegs so
vorgezeichnet war. Die Mutter hatte insgeheim immer ge-
hofft, dass ihr jüngster Sohn einen sicheren, zukunftsträch-
tigen Beruf erlernt. Wenn er schon nicht Priester würde,
hätte sie ihn wenigstens gerne die Lehrerlaufbahn ein-
schlagen gesehen. Große Sorgen musste sie sich freilich nie
machen, da Ottmar ein Mensch war und noch ist, der bei
allem, was er tut, stets eine Sicherheitsstufe einbaut. Das
galt bei den wichtigen Dingen des Lebens wie seinen Vertragsgesprächen, aber auch im Kleinen, etwa beim Pokern.
Zu Spielerzeiten galt Hitzfeld als gefürchteter Pokerspie-
ler, der seine Gegner genau beobachtete und analysierte. Er
selbst bereitete sich, wie später als Trainer auf den nächsten Gegner, mental auf die Pokerrunden vor und wählte im
Zweifelsfall die sicherere Taktik. »Ich habe früher nur ge-
pokert, weil ich gewonnen habe. Wenn ich verloren hätte,
hätte ich nicht gespielt«, sagt er lapidar. Bei der Frage, welchen Beruf er einmal ausüben würde, war es nicht anders.
Nach dem Abitur begann er Sport und Mathematik auf
Lehramt zu studieren. »Mein Ziel war es lange Jahre, Lehrer
zu werden und dann vielleicht nebenbei eine Mannschaft
zu trainieren.« Also war das Lehramtsstudium Pflicht. Dass
bei seinem ersten Profiklub, dem FC Basel, noch kein Voll-
profitum herrschte, kam ihm dabei sehr entgegen. Hitzfeld

konnte tagsüber an der Pädagogischen Hochschule in Lör-rach studieren und abends zum Training fahren. 1973, als er bereits Torschützenkönig in der Schweiz war und seinen zweiten Meistertitel in der Tasche hatte, machte Hitzfeld sein Staatsexamen. Ihm stand nun sowohl eine Zukunft als Fußballer als auch als Lehrer offen. Da es als Fußbal-ler gut lief, hatte er es aber nicht eilig, sich zu entscheiden. Er konnte in aller Ruhe abwarten, wie sich seine Profikarri-ere entwickeln würde, und hatte jederzeit die Option, wie-der hinters Lehrerpult zu wechseln. Sicherheit, sagt Hitz-feld, sei ihm immer sehr wichtig gewesen. Die komfortable Situation, nun mit Netz und doppeltem Boden agieren zu können, hielt ihm den Rücken frei und ließ Hitzfeld unbe-schwert Fußball spielen. Erst als er mit 34 Jahren seine ak-tive Karriere beendete, stellte sich erneut die Frage: Bleibe ich dem Fußball in irgendeiner Form treu oder gehe ich zu-rück in meinen erlernten Beruf? Die Zeichen standen zu-nächst eindeutig auf Sicherheit, also das Lehrerdasein. »Ich wollte eigentlich nicht Trainer werden, weil ich wusste, das sind Schleudersitze«, so Hitzfeld. Vor allem habe ihn ab-geschreckt, dass man als Fußballlehrer von Stadt zu Stadt ziehen muss und niemals wirklich sesshaft werden kann. »Und was macht man, wenn man zweimal entlassen wurde und 50 Jahre alt ist? Dieses Risiko wollte ich meiner Familie nicht antun und auch mir selbst nicht! Solange ich Fußball-spieler war, war klar: Ich gehe zurück nach Lörrach, werde dort wohnen, Lehrer sein und vielleicht einen Amateurklub in der Umgebung trainieren. Der Trainerberuf war da noch keine Option.« Ein solider Plan, der allerdings einen kleinen, aber entscheidenden Schönheitsfehler hatte, denn Hitzfeld hatte nicht mit der kleinkarierten deutschen Bürokratie gerechnet. Da sein Staatsexamen inzwischen zehn Jahre zurücklag, wollte ihn das Land Baden-Württemberg nicht mehr so ohne Weiteres eine Lehrerstelle geben. »Das ging nicht so einfach. Ich sollte erst noch eine Nachprüfung ablegen. Aber da war ich sauer, denn ich hatte das Staatsexamen ja gemacht.« Eine Probezeit hätte er sich noch gefallen lassen, aber eine Nachprüfung? Nein, das wollte Hitzfeld nicht einsehen. Als just zu dieser Zeit das Angebot ins Haus flatterte, als Trainer beim SC Zug anzufangen, musste Hitzfeld nicht mehr lange überlegen. »Da dachte ich: Jetzt versuch ich's.«

Durchforstet man heute die Tabellen der oberen Schweizer Ligen nach dem Namen SC Zug, sucht man vergeblich. 1983 – in jenem Sommer, in dem der 34 Jahre alte Jungtrainer den Klub in der Zentralschweiz übernahm, kickte dieser immerhin in der Nationalliga B. Kein glamouröser Verein und mit seinem nur 4 900 Zuschauer fassenden Stadion Herti Allmend wahrlich nicht die große Fußballbühne, aber vielleicht der ideale Ort, um sich seine ersten Meriten als Trainer zu verdienen. In Zug erwartete man keine Wunderdinge von Hitzfeld, der allerdings hohe Ansprüche an sich selbst stellte. »Ich formulierte für mich ein klares Ziel, ich gab mir genau fünf Jahre Zeit, bis dann wollte ich in der Schweiz zu den drei besten Trainern gehören. Sollte ich dieses Ziel nicht erreichen, würde ich mich unwiderruflich vom Fußballgeschäft verabschieden und in den Lehrerberuf einsteigen«, sagte er seinem Biographen Josef Hochstrasser. Klare Ziele zu formulieren, das gehörte schon immer zu Hitzfelds typischer Herangehensweise. Und war ein Ziel einmal formuliert, tat er alles dafür, es auch zu erreichen. So auch bei seinem Amtsantritt beim SC Zug: Dort nahm er sich vor, die Mannschaft offensiven, möglichst erfolgreichen Fußball spielen zu lassen und erste Erfahrungen zu sammeln. Hitzfeld fand einige talentierte Spieler vor, allerdings auch eine Vereinsführung, die für einen Anfänger im Trainergeschäft alles andere als angenehm im täglichen Umgang war. Präsident Werner Hofstetter, Bauunternehmer, Mäzen und höchst streitbarer Chef des kleinen Vereins, eilte ein Ruf wie Donnerhall voraus. »Ja, ich wusste, was das für ein Präsident ist, dass er beleidigend sein kann, schimpft, tobt und macht. Aber es war mein erstes Angebot. Man kann es sich ja nicht aussuchen«, erinnert sich Hitzfeld. Und obwohl Hofstetter alle über ihn im Umlauf befindlichen Vorurteile in kürzester Zeit bestätigte und ihm anfangs das Leben richtig schwer machte, ging der Präsident mit dem unerfahrenen Coach natürlich auch selbst ins Risiko. Auch deshalb ist ihm Hitzfeld bis heute dankbar, »dass ich dieses Angebot bekommen habe, die Chance, in den Trainerberuf einzusteigen«. Sportlich lief es zunächst mittelmäßig. Und zu allem Überfluss wollte Hofstetter überall mitreden. Er versuchte Hitzfeld zu überreden, einen autoritäreren Stil an den Tag zu legen, er stichelte regelmäßig gegen die Spieler, nannte sie Arbeitsverweigerer oder »Parasiten« und verkündete in der Halbzeit eines Spiels, dass es wegen schwacher Leistungen Ende des Monats kein Geld gebe. Als Krönung verpflichtete er drei Spieler, ohne seinen Trainer vorher davon in Kenntnis gesetzt zu haben. Eine herausfordernde und extrem schwierige Situation für Hitzfeld, der sich, wie es seine Art bleiben sollte, schützend vor seine Spieler stellte. Dies führte eines Tages dazu, dass Hofstetter seinem Trainer nach einer verlorenen Partie regelrecht an die Gurgel ging. Da prallten zwei Welten aufeinander – auf der einen Seite der hemdsärmelige, autoritäre Präsident und auf der anderen Seite Hitzfeld, der seine Spieler mit Argumenten überzeugen und sie starkreden wollte, auch wenn sie mal nicht ihren besten Tag erwischt hatten. Die Angst, gleich bei seinem ersten Klub entlassen zu werden, war allgegenwärtig. »Zum Glück«, so schrieb es der Tagesspiegel, »hatte Hofstetter, Bauunternehmer mit 18-Stunden-Tag, Wichtigeres zu tun, als Hitzfeld zu entlassen. Also blieb er Trainer«. Hitzfeld, der die Aufgabe beim SC Zug mehrmals als die »schwierigste Situation meiner Trainerkarriere« bezeichnete, kämpfte in dieser Zeit nicht nur um seinen Job, sondern auch darum, seinen Stil, eine Mannschaft zu führen, durchzusetzen. »Es war eine große Herausforderung, dass ich mir selbst treu bleibe und mich wehre gegen den Präsidenten, der auf die Mannschaft losging.« Um seine Spieler zu schützen, verwies Hitzfeld seinen Präsidenten sogar einmal vor die Tür – ein Affront, der ihm allerdings nicht zum Verhängnis wurde. Es kam anders: Noch während der Saison – der SC Zug stand gerade auf dem vierten Tabellenplatz – rebellierte der Klubvorstand gegen den Präsidenten und entmachtete ihn schließlich. Hitzfeld war erleichtert, und seine Mannschaft blühte auf. »Zum Glück musste er dann gehen. Nachdem er aufgehört hatte, haben wir alle Spiele gewonnen und sind noch Meister geworden.« Bis heute ist die 1983/84er-Mannschaft die beste, die der SC Zug jemals hervorgebracht hat. Der Aufstieg in die Nationalliga A war hochverdient – daran gab es nichts zu deuteln. Mit dem besten Angriff und der besten Abwehr landete der SC sogar noch vor Mitaufsteiger FC Winterthur – die einzige Mannschaft, gegen die in jener Saison beide Partien verloren gingen. Sehr nachhaltig war der Erfolg in Zug freilich nicht. Nach nur einem Jahr in **45** der höchsten Spielklasse ging es gleich wieder nach unten. 1984/85 sollte die einzige Erstligaspielzeit bleiben. Zehn Jahre später fusionierte der Verein mit dem FC Zug zum FC Zug 94. Heute dümpelt die erste Mannschaft in der vierten Schweizer Liga herum. Vielleicht wäre es anders gekommen, wenn Hitzfeld damals an Bord geblieben wäre. Doch schon während der so erfolgreichen Rückrunde hatte er ein interessanteres und lukrativeres Angebot angenommen und beim FC Aarau zugesagt. Der FCA war zwar ein Abstiegskandidat in der Nationalliga A, aber anders als der SC Zug ein in der höchsten Spielklasse etablierter Klub. Dort zog es Hitzfeld hin. Und diese Station sollte den Ruf des brillanten Taktikers Hitzfeld begründen.

Was macht einen guten Trainer aus? In erster Linie sicherlich eine gute, motivierende Ansprache an die Spieler und eine Idee, ein Plan, wie er die Mannschaft agieren lassen und taktisch ausrichten will. Heutzutage spricht man auch gerne von der »Handschrift« eines Trainers. Gemeint ist, dass man anhand der Art und Weise, wie sie Fußball spielt, erkennt, wer eine Elf trainiert. Die Spielweise von Jürgen Klopps FC Liverpool zum Beispiel wird schon mal als »Heavy-Metal-Fußball« bezeichnet. Vor allem Balleroberung und schnelles Umschalten sind hier gefragt. Pep Guardiola gilt als Verfechter des sogenannten »Ballbesitzfußballs«. Berühmte Beispiele aus der Vergangenheit sind auch der »Schweizer Riegel«, den der österreichische Trainer Karl Rappan in den 1930er-Jahren die Schweizer Nationalmannschaft und den Grasshopper Club Zürich spielen ließ, der »Catenaccio«, den der Argentinier Helenio Herrera in den 1960er-Jahren bei Inter Mailand etablierte oder das Pressing und das sogenannte Verschieben gegen den Ball, das der Ukrainer Valeri Lobanowski als Trainer von Dynamo Kiew erfand und damit zum Vorreiter des modernen Fußballs wurde. Ottmar Hitzfeld hat in seiner Laufbahn zwar keinen völlig eigenen Stil kreiert, weshalb ihm trotz seiner vielen Erfolge einige »Experten« ernsthaft den Status eines »großen Trainers« absprechen wollen. Alle seine Mannschaften ließ er aber einen Fußball spielen, den man als »Hitzfeld-Stil« identifizieren konnte: immer offensiv, dabei aber stets in einer klar strukturierten Grundordnung. Hitzfeld gilt als »reaktiver« Coach, der seine Gegner bis ins Kleinste analysierte, die Schwächen offenlegte und wusste, wie er seine eigene Taktik erfolgversprechend anpassen musste. Dabei ließ er sich von einigen Vorbildern leiten und übernahm die herausragenden Elemente von den Trainern, die er selbst als Aktiver genossen hatte.

Insgesamt fünf Namen fallen immer wieder, wenn man Hitzfeld nach seinen Vorbildern fragt bzw. nach den Trainern, die ihn selbst am meisten geprägt haben: Paul Wolfisberg, Helmut Benthaus, Jürgen Sundermann, Ernst Happel und Rinus Michels. Paul Wolfisberg erlebte Hitzfeld auf seiner letzten Station als Spieler beim FC Luzern. Der gutmütige »Bär« mit dem Vollbart, der auch fünf Jahre lang die Schweizer Nationalmannschaft betreute, war für ihn vor allem menschlich ein Vorbild: »Er hatte viel Verständnis für die Spieler, vielleicht zu viel«, so Hitzfeld. Trotzdem war Wolfisberg erfolgreich, obwohl das bei ihm nicht an großen Titeln messbar ist. Dafür waren seine Mannschaften einfach nicht stark genug besetzt. Wolfisberg holte aber stets das Beste aus seinen Spielern heraus. Und wer kann schon von sich behaupten, dass seine Mannschaft quasi nach ihm benannt wurde? Die Schweizer »Nati« jedenfalls bekam in den Jahren zwischen 1981 und 1985, als er sie trainierte, den Spitznamen »Die Wölfe« verpasst – eine Auszeichnung. Schon deutlich mehr hat sich Hitzfeld von seinen Ex-Coaches Helmut Benthaus und Jürgen Sundermann abgeschaut. Dass Benthaus dem jungen Hitzfeld erst den Weg in den Profifußball ermöglichte, indem er ihn zum Probetraining einlud, ist sicherlich einer der Gründe, warum gerade er zu einer so wichtigen Leitfigur wurde. Als Autoritäts- und Vertrauensperson, als gesitteter, kulturell vielseitig interessierter Mensch außerhalb des Fußballs, vor allem aber als Taktiker und Führungspersönlichkeit. »Benthaus war ein großer Rhetoriker«, sagt Hitzfeld über seinen »Ziehvater« beim FC Basel, »dazu sehr analytisch und sachlich«. Der Erfolg spricht für den aus dem westfälischen Herne stammenden Schöngeist, der mit einer Schweizerin verheiratet ist und seit 1980 neben der deutschen auch die Schweizer Staatsbürgerschaft besitzt. 17 Jahre lang, von 1965 (als er als Spielertrainer begann) bis 1982, leitete Benthaus die sportlichen Geschicke beim FC Basel und begründete die »Ära Benthaus«. In seine Amtszeit fielen sieben nationale Meisterschaften und zwei Cupsiege. Wie Hitzfeld lebt er nahe der deutsch-schweizerischen Grenze – nicht die einzige Gemeinsamkeit. Benthaus verkörperte zu seiner Zeit den modernen Trainertypus. Er war kein »Schleifer«, galt vielmehr als Gegenentwurf zu Leuten wie Max Merkel oder später Heinz Peischl, Werner Lorant und Felix Magath – alles Trainer, die viel Wert auf Disziplin und Gehorsam legten und deren Meinung von einem Spieler grundsätzlich nicht angezweifelt werden durfte. Benthaus dagegen war auf und neben dem Trainingsplatz gleichermaßen Pädagoge wie Psychologe, der seinen Spielern eine lange Leine ließ und auf Eigenverantwortung setzte. Er förderte es, wenn Profis (wie er selbst, den man regelmäßig in Museen, Kunstgalerien oder bei Vernissagen antraf) über den Tellerrand hinausblickten, und galt nicht zuletzt deshalb als »Intellektueller« der Szene. Als er 1984 mit dem VfB Stuttgart Deutscher Meister wurde, fasste das der damalige VfB-Geschäftsführer Ulrich Schäfer so zusammen: »Unser Trainer ist kühl, bedächtig, intelligent. Und genauso spielt jetzt die Mannschaft.« All diese Eigenschaften und Tugenden saugte Ottmar Hitzfeld nur so auf. Ganz besonders schätzte er an Benthaus dessen korrekte und stets faire Menschenführung: »Er war besonnen, war immer ruhig und ist nie ausgeflippt. Klar hat er die Spieler schon mal heiß gemacht, er war aber nie beleidigend. Ein Vorbild für mich!« Würde er eines Tages ebenfalls Trainer werden, so viel war ihm als Spieler bereits klar, würde er vieles von Benthaus übernehmen: »Ich habe natürlich auch andere Trainer in meiner Karriere erlebt. Daher war für mich immer klar, dass ich ihm, wenn ich vielleicht irgendwann Trainer werde, nacheifern würde.«

Ein weiterer Benthaus-Schützling beim FC Basel und einer dessen Vorgänger als Trainer des VfB Stuttgart war Jürgen Sundermann. Noch so einer aus der neuen, modernen Trainerriege. Sundermann sorgte zwischen 1976 und 1979 bei den Schwaben für eine wahre Aufbruchstimmung. Er übernahm den Klub nach dem Abstieg aus der Bundesliga und einer schwachen Zweitligasaison (Platz elf) in der Saison 1976/77 und formte die bis heute legendäre Mannschaft mit dem sogenannten 100-Tore-Sturm, zu dem auch Hitzfeld gehörte. Kamen in der Spielzeit zuvor im Schnitt nur 11 330 Zuschauer ins Neckarstadion, waren es in der Aufstiegssaison mit 22 689 schon doppelt so viele Fans. Im ersten Jahr nach dem Wiederaufstieg, den der VfB auf einem sensationell anmutenden vierten Tabellenplatz abschloss und der Sundermann den Spitznamen »Wundermann« einbrachte, pilgerten wieder deutlich mehr als 50 000 Fans pro Partie zu den VfB-Heimspielen. Was Ottmar Hitzfeld neben der sehr offensiven taktischen Ausrichtung von Sundermann in Erinnerung geblieben ist, sind dessen Ansprachen vor den Spielen oder in der Halbzeit. »Jürgen Sundermann war ein großer Motivator, der die Mannschaft gepusht und sie heiß gemacht hat. Ein Superredner«, so seine Einschätzung.

Was Herangehensweise, Menschenführung, Rhetorik und Grundphilosophie als Trainer angeht, ließ sich Hitzfeld vor allem von Wolfisberg, Benthaus und Sundermann leiten. Aus rein taktisch-fußballerischer Sicht zählen außerdem zwei der ganz Großen der Trainergilde zu seinen Vorbildern, die er selbst nicht aus nächster Nähe erlebte. Da ist zunächst Ernst Happel. Hitzfeld faszinierte die bedingungslose offensive Ausrichtung seiner Teams, die trotzdem immer gut organisiert waren. In der Tat: Der »Grantler« aus Wien, der wegen seiner nach außen hin ruhigen Art auch schon mal »Schweiger« genannt wurde, predigte seinen Spielern bedingungslosen Offensivfußball. Und das mit großem Erfolg. Wo immer der Österreicher trainierte, räumte der gelernte Verteidiger, der selbst 51-mal für Österreich spielte, Titel und Pokale ab. ADO Den Haag entwickelte er von einem Abstiegskandidaten in der niederländischen Ehrendivision zu einem Titelanwärter und Pokalsieger. Feyenoord Rotterdam führte er zum Gewinn des Europapokals der Landesmeister und holte mit dem Klub anschließend auch den Weltpokal. Nach einem kurzen Intermezzo bei Betis Sevilla übernahm er den belgischen Klub FC Brügge und stieß mit diesem bis ins UEFA-Pokalfinale vor. Für die Fußball-Weltmeisterschaft 1978 in Argentinien heuerte Happel bei der holländischen Nationalmannschaft an und stand mit der Elftal erneut in einem Finale. Die 1:3-Endspielniederlage gegen die Gastgeber war zwar bitter. Dennoch war die zweite Vizeweltmeisterschaft hintereinander für die Niederlande ein großer Erfolg. 1981 lotste ihn Günter Netzer, damals Manager des Hamburger

SV, in die deutsche Bundesliga. Und auch dort schrieb Happel eine Erfolgsgeschichte. Gleich in seinem ersten Jahr holte er die Deutsche Meisterschaft und erreichte mit dem HSV die Endspiele um den UEFA-Cup. Den holten sich die Schweden von IFK Göteborg, die Hamburger indes sammelten wertvolle internationale Erfahrung, von der sie nur ein Jahr später profitieren sollten. 1983 bezwang der Hamburger SV im Endspiel des Europapokals der Landesmeister den italienischen Rekordmeister Juventus Turin – dies ist bis heute der größte Erfolg in der Vereinsgeschichte der Hanseaten. 1987 komplettierte Happel mit dem Triumph im DFB-Pokal seine Titelsammlung. Nur der erneute Weltpokalsieg blieb ihm beim HSV verwehrt. Seine sagenhafte Karriere ließ Happel schließlich in seiner Heimat Österreich ausklingen – zunächst als Cheftrainer des damaligen FC Swarovski Tirol und schlussendlich als österreichischer Bundestrainer. Das einstige Praterstadion in Wien wurde zu Ehren des größten Fußballtrainers des Landes 1992 in Ernst-Happel-Stadion umbenannt.

Neben Ernst Happel prägte Rinus Michels den aufstrebenden Trainer. Wie Hitzfeld war auch der Niederländer ein ganz ordentlicher Fußballer, aber später ein noch viel erfolgreicherer Trainer. Mit seinem Heimatklub Ajax Amsterdam errang er zwischen 1965 und 1971 vier nationale Meisterschaften, drei Pokalsiege sowie 1971 den Europapokal der Landesmeister. Außerdem trainierte er u. a. den FC Barcelona, den 1. FC Köln, Bayer Leverkusen und zweimal die niederländische Nationalmannschaft, mit der er 1974 Vizeweltmeister und 1988 Europameister wurde.

Große Spieler wie Johan Cruyff oder Johan Neeskens und später Ruud Gullit oder Marco van Basten riefen unter Michels ihre besten Leistungen ab. Cruyff sagte einmal über Michels: »Als Spieler wie als Trainer hat mir niemand so viel beigebracht wie er (…) Ich habe seine Führungskraft immer bewundert.« Dass auch Hitzfeld Rinus Michels schätzt, hat in seinem Fall mehr mit dessen visionären taktischen Ideen als mit seinem Führungsstil zu tun. Denn Michels, der Jahrzehnte vor Hitzfeld den Spitznamen »General« verpasst bekam (und zu dem dieser viel besser passte), galt bei allen seinen Stationen als sehr distanzierter, strenger Fußballlehrer, als »knochenharter Kerl« (wie es der Kölner Toni Schumacher einmal formulierte), dessen hartes Training nicht selten eine Qual für die Spieler war. Dafür brach er althergebrachte Routinen auf, ließ die Außenverteidiger stürmen und die Stürmer Verteidigungsarbeit verrichten. Der heute häufig gehörte Spruch, »Die Abwehrarbeit beginnt bei den Stürmern«, geht de facto auf Michels zurück. Gleiches gilt für die Viererkette, die die Abwehrreihe mit Libero ablöste. Starre Positionen gehörten unter Michels der Vergangenheit an. Es wurde gerannt und rochiert. Michels und Happel, der ja ebenfalls in den Niederlanden arbeitete, hatten einen großen Anteil am Aufstieg des niederländischen Fußballs und der ganz speziellen offensiven Spielweise, wie sie Ajax Amsterdam Anfang der 1970er-Jahre perfektionierte. »Ich war immer ein großer Fan des holländischen Fußballs und wollte das auch umsetzen«, sagt Ottmar Hitzfeld. »Ich hatte aber keinen Lehrmeister, konnte das nur von Videokassetten abschauen.

Ich war Autodidakt, habe es dann erst im Training probiert und später auch im Spiel.« Insbesondere das Pressing und die Abseitsfalle gefielen Hitzfeld als taktische Mittel so gut, dass er entsprechende Übungen in sein Training einfließen ließ. »Ich war eigentlich immer ein vorsichtiger Trainer, aber diese beiden Mittel haben mir gefallen. Also hab ich's ausprobiert, und es hat funktioniert.«

Als er 1984 den FC Aarau übernahm, konnte sich Hitzfeld erstmals ganz und gar aufs Sportliche konzentrieren und überraschte seine Gegner mit diesen neuartigen taktischen Finessen. Reibereien und Meinungsverschiedenheiten mit anderen Führungsfiguren im Verein gab es – anders als in Zug – zunächst nicht. »Der Präsident war Rechtsanwalt und ein ganz vernünftiger Mann. Wir haben uns gleich gut verstanden. Ich konnte gute Transfers machen, und diese Chance haben wir genutzt«, so Hitzfeld. Mit 35 Jahren war er noch immer ein sehr junger und unerfahrener Trainer. Entsprechend verhalten war die Freude in Aarau, als seine Verpflichtung für zwei Spielzeiten bekannt wurde. Die Fans hätten damals lieber den erfahreneren Willy Sommer als neuen Coach gesehen, der zuvor beim FC St. Gallen erfolgreich war und 1979 zum ersten »Schweizer Fußballtrainer des Jahres« gewählt worden war. Doch Aaraus Präsident Peter Treyer hatte anderes im Sinn und installierte mit Ottmar Hitzfeld lieber einen jungen Coach, der ihn in den lange geheim gehaltenen Vertragsgesprächen (Hitzfeld war da noch Trainer in Zug, den FC Aarau trainierte damals der glücklose Zvezdan Čebinac) mit seiner unverbrauchten Art überzeugte. Und so unverbraucht und frisch ließ er dann auch seine Mannschaft spielen. Rückblickend war der FC Aarau, dessen erfolgreichste Zeiten lange zurücklagen, die Trainerstation, bei der Hitzfeld wohl am mutigsten agierte und vieles ausprobierte. Vom Anpfiff weg legten die Aarauer unter Hitzfeld los, spielten direkt nach vorne und überraschten so ein ums andere Mal ihre Gegner. Das »Pressing«, das Hitzfeld spielen ließ, hatte man so in der Schweiz noch nie gesehen. Und auch die Abseitsfalle wurde hier zu einem seiner bevorzugten Mittel, um den anderen Mannschaften den Zahn zu ziehen. Dass es aber gleich so gut laufen würde, damit hatte am Brügglifeld niemand gerechnet. Gleich in seinem ersten Jahr wurde Hitzfeld mit der Mannschaft Vizemeister und gewann durch ein 1:0 im Finale gegen Xamax Neuchâtel im Berner Wankdorfstadion den Schweizer Pokal – bis heute der einzige Cuperfolg der Vereinsgeschichte und die Geburtsstunde des »FC Wunder«, wie die Aarauer in der Schweizer Sportpresse fortan genannt wurden. Die Spieler um den zuvor beim FC Zürich aussortierten Siegtorschützen Walter Iselin wussten, bei wem sie sich für diesen völlig unerwarteten Triumph zu bedanken hatten. Und auch die Fans waren natürlich längst überzeugt. Eine ganze Stadt erweckte Hitzfeld mit seiner Halbprofitruppe aus einer Art »Dornröschenschlaf«. Die Aarauer waren – wie ihr Trainer – regelrecht fußballverrückt. Die Pokalfeierlichkeiten, bei denen die ganze Stadt auf den Beinen war, sind bis heute legendär. Aber wo Erfolg ist, da gibt es immer auch Neider und Begehrlichkeiten. Und so erstaunt es nicht, dass schon bald andere, potentere Klubs ihre Fühler nach Ottmar Hitzfeld ausstreckten. »Nach dem ersten Jahr hatte ich gleich ein Angebot von Servette Genf«, erinnert sich Hitzfeld. Der gut betuchte Nobelklub aus der französischen Schweiz, der gerade zum 15. Mal Meister geworden war, hätte Hitzfeld sogar aus seinem Vertrag herausgekauft und die angedrohten 500 000 Schweizer Franken Konventionalstrafe bezahlt. Doch Hitzfeld wollte trotz der sportlich sicherlich reizvollen Aufgabe seinen Vertrag in Aarau erfüllen: »Was wir erreicht hatten, das war ja eigentlich schon nicht mehr zu toppen. Ich wollte aber auch nicht weglaufen.« Insgesamt blieb Hitzfeld vier Jahre in Aarau. Im Nachhinein die richtige Entscheidung, wie er sagt: »Es war gut, da längerfristig zu arbeiten und mich zu stabilisieren. Ich habe immer auch an die Zukunft gedacht, wollte nachhaltig arbeiten. Und ich habe Dankbarkeit dem Verein gegenüber empfunden und konnte so etwas zurückgeben.«

Wenn Hitzfeld von seinen insgesamt fünf Vereinstrainerstationen spricht, würde er nie einen Klub über einen anderen stellen. Dafür ist er viel zu korrekt und möchte niemanden verletzen. Zwischen den Zeilen kann der aufmerksame Zuhörer aber schon herauslesen, an welchen Klubs sein Herz noch ganz besonders hängt. Fragt man ihn nach seinen emotionalsten Momenten oder nach den wichtigsten Erfolgen, bringt er immer wieder den Pokalsieg mit dem FC Aarau ins Spiel. Hier, nur knapp 40 Kilometer südöstlich seiner Heimatstadt Lörrach, fühlte er sich wohl und spürte das Vertrauen einer Vereinsführung, die längerfristig mit ihm plante. Hier konnte er ohne überbordende Erwartungshaltung und ohne den ganz großen

Druck von außen, der ihn später mitunter mürbe machen sollte, in Ruhe arbeiten und etwas aufbauen. Wo bekommt man sonst vier Jahre Zeit, eine eigene Spielphilosophie zu entwickeln? Nach dem Pokalsieg 1985 wurde er als fünfter Preisträger überhaupt als »Schweizer Fußballtrainer des Jahres« ausgezeichnet – eine Ehre, die ihm zum Ende seiner Karriere als Nationaltrainer der Schweiz im Jahr 2014 noch einmal zuteilwurde. Es war die erste von unzähligen Auszeichnungen, die folgen sollten. Erst in Aarau entwickelte er sich zu einem gefragten Trainer, der erstmals auch außerhalb der Schweiz wahrgenommen wurde. Günter Netzer erinnert sich in der Hitzfeld-Biographie an eine Partie des FC Aarau gegen seinen Ex-Verein Grasshopper Club Zürich, die ihn nachhaltig beeindruckte: »Damals hatte ich Ottmar Hitzfeld aus den Augen verloren. Ich wusste, dass er aus Lörrach stammte, dass er in Basel, beim VfB Stuttgart und in der Olympiaauswahl des DFB gespielt hatte – aber in diesem Augenblick auf der Tribüne in Aarau war mir klar, dass ich einen großen Trainer entdeckt hatte. Hier war das passiert, was für mich das entscheidende Kriterium eines guten Fußballlehrers ausmacht: Wenn die Mannschaft genauso spielt, wie der Trainer es will. Das ist das höchste Lob, das man einem Trainer attestieren kann.«

Der Pokalsieg 1985 blieb der größte sportliche Erfolg in Aarau. In den drei nachfolgenden Spielzeiten führte Hitzfeld die immer noch aus Halbprofis bestehende Mannschaft in der Meisterschaft auf die Plätze sieben, elf und drei. Mehr war unter den Umständen wohl auch nicht drin. Immerhin kann Hitzfeld aber für sich in Anspruch nehmen, einige Spieler entdeckt und anschließend zu Topleuten geformt zu haben. So erhielt der damalige Kapitän Rolf Osterwalder die Auszeichnung als wertvollster Spieler der Saison 1984/85, das damalige Fachblatt »Sport« wählte Aaraus Rekordspieler Alfred »Charly« Herberth zum besten ausländischen Spieler. Und in Aarau formte Hitzfeld auch den neuseeländischen Nationalspieler Wynton Rufer (bald darauf eifriger Titelsammler mit dem SV Werder Bremen) und den Dänen Lars Lunde zu internationalen Topstars.

Nach einem Jahr beim SC Zug und den vier Jahren beim FC Aarau hatte Hitzfeld die fünf Jahre voll, die er sich selbst gegeben hatte, um zu einem der besten drei Schweizer Coaches aufzusteigen. Haken dran. Geschafft! Nun war die Zeit gekommen, einen Spitzenklub zu übernehmen und Titel zu sammeln. Das nächste Angebot eines Topklubs mit entsprechenden Ambitionen, das kommen würde, wollte er annehmen. Noch war es kein Verein aus der deutschen Bundesliga, sondern der ruhmreiche Grasshopper Club Zürich. Seine Aussage, er verlasse Aarau »ohne Wehmut«, muss in dieser Phase seines Lebens wohl eher als lautes Pfeifen im Walde gedeutet werden. »Fußball ist ein knallhartes Profigeschäft – für Emotionen hat es da keinen Platz«, wurde Hitzfeld bei seinem Abschied zitiert. Es war auch der Versuch, sich für die neue Aufgabe in Stellung zu bringen und sich als selbstbewusster Macher zu geben, der vor einer größeren Aufgabe nicht zurückschreckte. »Die Zeit war reif, zu einem Spitzenklub zu gehen, wo man Meister werden muss«, sieht Hitzfeld die Tatsache, dass er dafür einen Herzensklub verlassen musste, bis heute sehr nüchtern. »Die Grasshoppers waren einfach der nächste logische Schritt. Da habe ich auch nicht lange überlegt.« Als es in seiner ersten Saison 1988/89 nicht gleich optimal lief, verspürte Hitzfeld zum ersten Mal als Trainer jenen Erfolgsdruck, den er gesucht hatte. Beim Rekordmeister und Rekord-Pokalsieger der Schweiz waren die Ansprüche und Erwartungen naturgemäß viel höher als zuvor in Zug oder Aarau. Hitzfeld ließ sich nichts von alledem anmerken, sondern ließ Taten sprechen. Er arbeitete in Ruhe mit der Mannschaft und machte nicht den Fehler, gleich zu hohe Saisonziele auszugeben oder Sprüche zu klopfen. »Medien und Spieler konnten all die Phrasen und Sprechblasen nicht mehr hören, die ganzen Selbstdarsteller der Branche hatten sich abgenutzt. Auch deshalb kam Ottmar Hitzfeld so gut an«, so die treffende Analyse von Günter Netzer. Und deshalb gab ihm auch die Vereinsführung mehr Zeit, doch für die Meisterschaft reichte es im ersten Jahr noch nicht. Der FC Luzern unter dem deutschen Trainer Friedel Rausch, der in Spielmacher Jürgen Mohr und Torjäger Peter Nadig die zwei überragenden Spieler der Saison in seinen Reihen hatte, war die Mannschaft der Stunde. Schon vor der Finalrunde stand das Überraschungsteam in der Tabelle vor den Grasshoppers. Dort baute es seinen Vorsprung sogar noch auf drei Punkte aus. Es war die erste und bis heute einzige Meisterschaft für den FCL, und sie wurde in der Schweiz als Sensation gefeiert. Den Grasshoppers blieb immerhin noch der Pokalsieg, der im Finale in Bern durch einen 2:1-Sieg erreicht wurde – ausgerechnet gegen den FC Aarau. Der zweifache Torschütze Andy Halter gehörte ebenso zum Siegerteam wie der spätere Erfolgstrainer Marcel Koller, Alain Sutter (später u. a. beim FC Bayern München), André Egli, Martin Andermatt und Wynton Rufer, den Hitzfeld aus Aarau nach Zürich gelotst hatte. Große Namen für Schweizer Verhältnisse, was die Presse dazu bewog, nicht zimperlich mit dem GC umzugehen. »Ich weiß noch, dass eine Zeitung dann geschrieben hat: ›Na wenigstens hat er noch den Pokal gewonnen‹. Das war durchaus sarkastisch, so wie die Schweizer manchmal sind«, so Hitzfeld. Aber natürlich war diese Kritik wiederum Ansporn für ihn, es in der nachfolgenden Spielzeit besser zu machen. Ganz einfach war das jedoch nicht. Im Hintergrund schwelte ein Konflikt zwischen ihm und Manager Erich Vogel. »Teilweise war es auch eine schwere Zeit für mich, weil der Manager nicht so loyal war«, erzählt Hitzfeld. Die Fans ahnten kaum etwas von der Disharmonie hinter den Kulissen. Hitzfeld hatte Vogel seinerzeit nach Aarau geholt, »weil ich wusste, dass er ein guter Manager ist und den Schweizer sowie den internationalen Markt mit jungen Spielern gut kennt«. Allerdings entpuppte sich Vogel als charakterlich schwieriger Zeitgenosse, der laut Hitzfeld »nicht ehrlich« war. »Er manipuliert Leute, erzählt hier dies und woanders das. Ich wusste, dass er schwierig ist, aber dass er so schwierig ist, hatte ich nicht gedacht.« Als Hitzfeld nach Zürich wechselte, hatte er gedacht, er sei Vogel nun los. Doch der Grasshopper Club wollte die beiden nur im Doppelpack. »Da konnte ich nicht sagen: Er oder ich!« Also rauften sich die Streithähne im Sinne des GC zusammen. In der Saison 1989/90 stellte sich mit dem Gewinn des »Doubles« der Erfolg ein, auch wenn es in der Meisterschaft knapp wurde. Nach den 22 Spieltagen der normalen Hauptrunde belegten die Grasshoppers hinter dem FC St. Gallen und Neuchâtel Xamax nur Rang drei. In der Finalrunde drehten die Zürcher dann aber auf und feierten am Ende vor der punktgleichen Mannschaft von Lausanne Sports die Meisterschaft. Im Cupfinale gab es einen 2:1-Finalsieg gegen Neuchâtel. Der argentinische Neuzugang Néstor Adrián de Vicente avancierte zum besten Torschützen bei den Grasshoppers und trug entscheidend zum Doppeltriumph bei. Der Argentinier, der im Jahr 2011 bei einem Autounfall ums Leben kam, traf auch in der Spielzeit 1990/91 am häufigsten für den GC. In jenem Jahr hieß der große Konkurrent FC Sion, der am Ende auch Pokalsieger wurde. In der Meisterschaft fingen die Grasshoppers den Klub aus dem Wallis aber noch ab. Mit Rückkehrer Ciriaco Sforza hatte der GC einen weiteren Topspieler geholt. Der Titel war deshalb Pflicht, und die erfüllten Ottmar Hitzfeld und seine Mannschaft. Drei Titel in drei Jahren, darunter einmal das Double, war eine Bilanz, die sich sehen lassen konnte. Und auch den Verantwortlichen der Grasshoppers dürfte klar gewesen sein, dass sich da einer für noch größere Aufgaben in Stellung brachte. Heimlich, still und leise hatte Hitzfeld in den letzten Jahren ein Netzwerk aufgebaut. Nun, da es seine Vertragssituation in Zürich zuließ, war klar: Sein Weg würde in die deutsche Bundesliga führen.

Der am häufigsten verbreitete Irrtum über Ottmar Hitzfeld ist die Vermutung, er sei Schweizer. Nicht nur einmal wurde er selbst von Journalisten, die es eigentlich besser wissen sollten, für einen Eidgenossen gehalten. Noch heute passiert es ihm, dass er etwa zu seiner Meinung »über Ihren Landsmann Lucien Favre« oder zur aktuellen Form »seiner« Schweizer Nationalmannschaft befragt wird. Woher das kommt, ist leicht zu erklären, und nicht nur damit, dass er von 2008 bis 2014 die »Nati« trainierte. Als Grenzkind hat Ottmar Hitzfeld Deutschland und die Schweiz im Herzen. In Lörrach wuchs er wenige Hundert Meter von der deutsch-schweizerischen Grenze auf. Von Kindesbeinen an war ihm der FC Basel näher als die großen deutschen Klubs. »Lörrach war eben Grenzstadt. Damals gab es im Schwarzwald keinen Fußballverein. Freiburg war 60 Kilometer entfernt – und damals waren die noch nicht gut«, so Hitzfeld. In der Tat: Der SC Freiburg, heute Bundesliga-Dauergast, stand damals noch im Schatten des Lokalrivalen Freiburger FC. Mehr als 2. Bundesliga wurde im Breisgau nicht geboten. Stuttgart und Karlsruhe waren noch weiter weg – für einen Jugendlichen ohne die Möglichkeit, dort die Heimspiele zu besuchen, also ebenfalls keine Option. Und da auch der Papa stets in die Schweiz hinüberfuhr, wenn er mal ins Stadion gehen wollte, hat sich die Nähe zum Schweizer Fußball einfach so ergeben. »Mein Vater war Zahnarzt mit einer Praxis in Weil am Rhein. Die meisten seiner Patienten waren Schweizer, und so war auch er Fan der Schweizer Nationalmannschaft und des FC Basel. Mich hat das auch geprägt. Ich bin ab und zu natürlich mit ins Stadion gegangen.« Die ersten emotionalen Fußballmomente erlebte er im St. Jakob-Stadion. Und jeder Fan eines Vereins weiß, wie es ist: Bist du einem Verein erst einmal verfallen, gibt es kein Entrinnen mehr. Frag nach bei Nick Hornby oder Frank Goosen, die ganze Romane und Geschichten zu dem Thema geschrieben haben! Trotz seiner emotionalen Nähe zur Schweiz tickt und fühlt Hitzfeld aber nicht wie ein Eidgenosse: »Ich bin Deutscher, und ich fühle mich auch als Deutscher. Ich bin hier schließlich aufgewachsen«, sagt er. Er habe im Grenzgebiet »ähnlich wie bei Derbys auf dem Dorf« sogar die besondere Rivalität zwischen Schweizern und Deutschen erlebt, auch dass man sich gegenseitig beschimpft hat. Zu eigen hat er sich diese Sticheleien und Streitereien aber nie gemacht. »Ich hatte immer guten Bezug zur Schweiz. Wir haben oft unsere Ferien in der Schweiz verbracht, unter anderem in Engelberg, wo ich jetzt meinen Zweitwohnsitz habe. Und ich habe der Schweiz natürlich auch viel zu verdanken. Ich habe meine Spielerkarriere hier starten können.« Bei aller Sympathie für die Schweiz träumte allerdings auch Hitzfeld wie viele andere Trainer von einem Engagement in einer der großen Ligen. Und da er sich, wie er selbst zugibt, mit Fremdsprachen schon immer schwer tat, kam eigentlich nur die deutsche Bundesliga in Frage.

Der Mann, der das Wagnis einging, ihn nach Deutschland zu holen, war Michael Meier. Der damalige Manager von Borussia Dortmund war schon zu seiner Zeit bei Bayer Leverkusen, wo er in den Jahren zwischen 1987 und 1989 in gleicher Funktion tätig gewesen war, auf Hitzfeld aufmerksam geworden. Bereits damals hatte Meier Gespräche mit ihm geführt, dann aber Rinus Michels verpflichtet, für den die größere Erfahrung sprach. Als Meier Hitzfeld absagte, sollen die Worte gefallen sein, man sehe sich »immer zweimal im Leben«. Eine weitsichtige Aussage, die sich nur wenige Jahre später bewahrheiten sollte, auch weil Meier ihn nicht mehr aus den Augen verlor. In der Saison 1990/91 passierte es. Der BVB dümpelte im Tabellenmittelfeld herum. Der damalige Trainer Horst Köppel genoss zwar die Sympathie der Fans, intern wurde er aber eher nicht als derjenige gesehen, der die Borussia in eine bessere Zukunft führen könnte. Die Trennung zeichnete sich deshalb schon relativ früh in der Saison ab. In dieser Situation erinnerte sich Meier an Hitzfeld und empfahl ihn Dortmunds Präsident Gerd Niebaum. Der Öffentlichkeit und den Fans den Beschluss zu erklären, sich für den damals relativ unbekannten Coach der Grasshoppers aus Zürich entschieden zu haben, war kein leichtes Unterfangen. Denn erstens hatte Hitzfeld weder eine Dortmunder Vergangenheit – also das, was man »Stallgeruch« nennt – noch eine Spielerkarriere in der Bundesliga vorzuweisen. Und zweitens hatte er eben bis dato »nur« in der Schweiz trainiert. Anders als heute genoss die Nationalliga A keinen guten Ruf in Deutschland. Sie galt vielmehr als Auffangbecken für gealterte Bundesligastars wie Karl-Heinz Rummenigge oder Uli Stielike. Michael Henke, der in Dortmund Hitzfelds Co-Trainer wurde und später alle großen Titel gemeinsam mit ihm feiern sollte, bestätigt das im Gespräch: »Er galt ja als Schweizer. Der Schweizer Fußball war damals nicht so anerkannt und wurde von Haus aus kritisch gesehen. Dortmund hatte sich bei seiner Verpflichtung aber etwas gedacht.« Denn das Duo Niebaum/Meier hatte in Dortmund große Pläne. Das damals 54 000 Zuschauer fassende Westfalenstadion wollten sie mittelfristig zum deutschen »Theatre Of Dreams« (so wird das Stadion »Old Trafford« von Manchester United auch genannt) ausbauen. Und in ihm sollte schon bald eine Mannschaft spielen, die internationalen Ansprüchen genügte. Dafür brauchte der BVB einen Trainer mit Weitsicht, der eine Mannschaft zusammenstellen und entwickeln konnte und der eine Spielidee hatte. Nach Meinung Meiers war Ottmar Hitzfeld dafür genau der Richtige. Eine Einschätzung, die Günter Netzer in der Rückschau teilt: »Die Klubs achteten auf einmal auf fachliche, pädagogische und psychologische Arbeit. Und ein Trainer konnte nur Erfolg haben, wenn ihn seine Spieler als oberste Instanz akzeptierten. Dieses Berufsbild vom modernen Trainer hat Ottmar Hitzfeld (…) mit geschaffen.« Aus einer Liste mit 80 Namen, darunter auch sehr erfahrene Coaches wie Otto Rehhagel, Morten Olsen oder Christoph Daum, schälten sich drei Kandidaten für die engere Auswahl heraus. Winfried Schäfer, einst Profi bei Borussia Mönchengladbach, galt als Favorit, für Tomislav Ivic von Atlético Madrid sprach die internationale Erfahrung. Hitzfeld war Meiers Wunschlösung, aber bestenfalls Außenseiter in diesem Bewerberdreikampf. Meier lud Hitzfeld nach Dortmund ein. In den Gesprächen überzeugte Hitzfeld die BVB-Oberen. »Hitzfeld trat sehr selbstbewusst auf, ich habe gemerkt, dass er von der Ratio gesteuert ist, das hat mir gefallen, denn zu einem temperamentvollen Verein wie dem BVB passte ein Kopfmensch ganz gut«, so Niebaum in der

Hitzfeld-Biographie. Ein Wagnis war es für die Verantwortlichen von Borussia Dortmund trotzdem, einen Mann zu holen, der zwar erste Erfolge im Verein vorweisen konnte, aber keinerlei Trainererfahrung in der Bundesliga. Auch Hitzfeld selbst räumt ein, dass er, als er 1991 beim BVB unterschrieb, kein intimer Kenner des deutschen Fußballs war. »Ich kannte zwar die Bundesliga, aber ich war kein Insider. Deshalb war es für mich sehr wichtig, jemanden an meiner Seite zu haben, der die Bundesliga kennt. Michael Henke war für mich eine große Hilfe – jemand, der sich auskennt! Ich war froh, dass er bei mir weitermachte.«

Es ist keine Seltenheit im Fußball, dass sich Trainer und Co-Trainer als Team ansehen und auch gemeinsam zu anderen Vereinen wechseln. Loyalität und gegenseitiges Vertrauen sind in dem Job unglaublich wichtig und die Voraussetzung dafür, dass ein solches Zweierteam funktioniert. Hitzfeld und Henke jedenfalls scheinen sich gesucht und gefunden zu haben. Manager Meier bewies ein gutes Gespür, als er, nachdem die Hitzfeld-Verpflichtung feststand, ihr allererstes Treffen einfädelte. Henke erinnert sich: »Ich war beim BVB schon unter Köppel Co-Trainer. Hitzfeld sollte zu unserem letzten Heimspiel aus der Schweiz kommen, um sich das Spiel anzusehen. Michael Meier hat zu mir gesagt, ich könne ihn doch eigentlich in Düsseldorf vom Flughafen abholen, was ich dann auch gemacht habe. Das war sehr clever von ihm.« Meiers Hintergedanke: Die Männer, die den BVB in die Zukunft führen sollten, sollten sich schon mal beschnuppern. Ein Plan, der perfekt aufging: »Es war zwar klar, dass Hitzfeld mich als Co-Trainer übernehmen sollte. Aber wir hatten vorher keinen persönlichen Kontakt. Aber schon auf der relativ kurzen Autofahrt von Düsseldorf nach Dortmund haben wir festgestellt, dass wir ähnliche Ansichten hatten und auf einer Wellenlänge waren, soweit man das sagen kann. Wir hatten auf diese Weise ein sehr intensives erstes Kennenlernen. Intensiver, als wenn du im Büro beim Manager sitzt«, so Henke. Hitzfeld erging es ganz ähnlich: »Als Typ und von der Mentalität her hat er mir gleich gefallen: Er war offen und ehrlich, und wir hatten einen guten Austausch. Das war von Anfang an ein Glücksfall.« Neben einem loyalen Umgang und einer pragmatischen Arbeitsteilung entwickelten die beiden in ihren gemeinsamen Jahren auch noch eine ganz besondere »Taktik« im Umgang mit Schiedsrichtern und Offiziellen. Während Hitzfeld auch in kritischen Situationen und bei offensichtlichen oder vermeintlichen Fehlentscheidungen stets den »Elder Statesman« gab und so sein Image des fairen und kultivierten Gentleman-Trainers pflegen konnte, war Henke derjenige, der versuchte, Einfluss zu nehmen, indem er auch mal tobte oder lautstark protestierte und meckerte. »Ich war nie so kontrolliert wie Ottmar und wesentlich emotionaler als er, so gesehen war es ganz natürlich«, sagt Henke, der zugibt: »Aber wir haben das auch als Strategie gemacht – das kann man heute ruhig sagen.« Hitzfeld habe schon mal gesagt: »Geh mal hin und sprich den Schiri auf die oder die Szene an.« »Nicht weil er eitel war, sondern weil er dadurch der Mannschaft helfen konnte. Ich habe getobt, und er konnte Dinge dann wieder geradebiegen, weil er eine hohe Akzeptanz bei den Schiris hatte und eben nicht der ›böse Junge‹ war.« Berechnung also, ein clever eingeübtes Rollenspiel, das Henke wiederum unter dem Oberbegriff »Professionalität« einsortiert: »Alles was dazu half, Erfolg zu haben, das wurde auch angewandt.« Auch das war Ottmar Hitzfeld.

Ein gewisser Respekt vor der neuen Aufgabe war Hitzfeld bei seiner Vorstellung in Dortmund im Juni 1991 durchaus anzumerken. Die Fragen der Journalisten parierte er bei seiner ersten Pressekonferenz aber eloquent und selbstbewusst. Die BVB-Vereinsführung überraschte er mit der Ankündigung eines strengeren Führungsstils. Hitzfeld spürte, dass die Bundesliga eine andere Hausnummer sein würde als die Nationalliga A der Schweiz. Auch wusste er, dass sein Vorgänger Horst Köppel – übrigens ein entscheidender Fürsprecher Hitzfelds bei dessen Verpflichtung – mit seiner eher weichen, kollegialen Art letztlich gescheitert war. Mit nun 42 Jahren, so seine Überlegung, wollte er etwas mehr Distanz zu den Spielern wahren, um als natürliche Autorität wahrgenommen zu werden. Er war überzeugt, gegenüber den arrivierten Bundesliga-Topstars wie Frank Mill, Michael Rummenigge oder Thomas Helmer, mit denen er es nun zu tun bekam, bestimmter auftreten zu müssen, um sich den nötigen Respekt zu verschaffen. Etwaige Vorbehalte, die es ihm gegenüber gab und die offen ausgesprochen wurden, ließ Hitzfeld nicht an sich heran. »So etwas hat Ottmar nicht groß berührt«, berichtet Henke. Stattdessen habe er sich in die Arbeit geflüchtet und sich sehr intensiv den anstehenden Aufgaben gewidmet. »Zum Beispiel hat er am Anfang sehr wenig gelobt. In der Schweiz war das noch anders gewesen. Aber er sagte sich, ich arbeite hier in Dortmund auf einem höheren Niveau, mit Stars, die eigentlich wissen sollten, was sie zu tun haben und die ich nicht permanent antreiben muss; die sollen mich als kritischen Beobachter wahrnehmen.« Hitzfeld erklärt das so: »Das war schon der Respekt vor der Bundesliga, in der man ein harter Hund sein muss. Ich war ja immer sehr kommunikativ und habe versucht, meine Mannschaften an der langen Leine zu führen. Aber erst mal musste ich erfolgreich sein.« Zu der Zeit sei er noch auf der Suche gewesen, auf dem Weg, eine richtige Autoritätsperson zu werden. Daher wollte er nicht zu nachsichtig wirken. »Ich dachte, wenn ich zu locker bin, dann denken die: Jetzt kommt einer aus der Schweiz und ist locker, und dann bekomme ich Probleme mit der Disziplin. Ich war da ziemlich streng, fast preußisch. Das habe ich mir vorgenommen.« Kurzum: Der Wechsel nach Deutschland war eine »Riesenumstellung«. »Ich dachte, ich bekomme es mit ausgebufften Bundesligaprofis zu tun, auch wenn es vielleicht gar nicht so war. Deshalb habe ich versucht, mich anders zu geben. Das hat mir geholfen, denn es war ein guter Schutz nach außen.« Ein gut durchdachter Wandel seines Führungsstils also, wie auch Henke weiß: »Ottmar hat wirklich strategisch überlegt: Wie muss ich in diesem Umfeld agieren? Er hat sich sehr professionell auf alles vorbereitet. Deshalb war es auch kein Zufallsprodukt, dass er hinterher so erfolgreich war.«

Tatsächlich war Hitzfeld – wie eigentlich immer in seiner Karriere – innerlich hin- und hergerissen. Wohl war er sich sicher, dass er der gewaltigen Aufgabe, die da auf ihn zukam, auch wirklich gewachsen war. Dennoch ging er mit dem Wechsel ins »Haifischbecken« Bundesliga auch ein gewisses Risiko ein, denn Sicherheit und vor allem Planungssicherheit für die Familie war für ihn immer ein großes Thema. In einem Interview sagte er einmal, dass ihn noch lange Zeit Existenzängste plagten, weil der Trainerjob einfach unberechenbar ist und bei Misserfolg – ob selbstverschuldet oder nicht – in die Sackgasse führen kann. So ging er den neuen Job mit einer gehörigen Portion Demut an. Gleichzeitig war sein Ehrgeiz entfacht. Hier in Dortmund konnte er etwas aufbauen und sich endlich auch in Deutschland einen Namen machen. Gegen das Heimweh, das er in seiner Anfangszeit verspürte, war er allerdings machtlos. Was ihm mit der Zeit darüber hinweghalf: Er mochte das westfälische Gemüt. »Mir hat es dort sehr gut gefallen, weil mir die Mentalität gut gefällt. Man ist offen und ehrlich im Ruhrgebiet, spricht Probleme direkt an. Hier in der Schweiz ist man eher diplomatisch, ausweichend. Dort habe ich mich wirklich vom ersten Tag an sehr wohl gefühlt. Ich war gleich eingebettet.« Ein Widerspruch? Vielleicht. Aber einer, der sich schnell in Wohlgefallen auflöste. Hitzfelds ruhige, sachliche Art kam im Westen gut an, und das obwohl er keiner von ihnen war und mit seinem alemannischen Dialekt nicht recht in die Region zu passen schien. Deswegen verziehen die Leute ihm auch den Stotterstart in der Liga. Zuhause lief es noch ganz ordentlich, der BVB feierte in den ersten vier Heimspielen vier Siege. Auswärts blieb die Mannschaft aber vieles schuldig.

Der neue Trainer versuchte, von Mann- auf Zonenverteidigung umzustellen, musste aber nach wenigen Wochen feststellen, dass er nicht die richtigen Spieler für dieses System zur Verfügung hatte. In fremden Stadien war die Abwehr ihren Namen nicht wert. Aus den ersten sechs Auswärtspartien der Saison holte der BVB nur zwei Unentschieden. Viermal geriet das Team regelrecht unter die Räder: 1:5 in Rostock, 2:5 im prestigeträchtigen Revierderby beim FC Schalke 04, 0:4 auf dem Betzenberg in Kaiserslautern und 0:3 bei Eintracht Frankfurt. Es war eine ganz neue Situation für den bisher so erfolgsverwöhnten Trainer, der aber gerade noch rechtzeitig reagierte und die Weichen anders stellte: »Die Mannschaft war noch nicht so weit, die Innenverteidiger waren nicht so ballsicher, um meine Vorstellungen umzusetzen.« In der Folge ließ er mit Libero und Dreierkette spielen – ein 3-5-2-System, um das Zentrum zu stabilisieren. »Ich dachte mir: Bis die Mannschaft mein System umsetzen kann, bin ich entlassen. Also habe ich improvisiert.« Die nüchterne Erkenntnis, die Hitzfeld aus diesem schwierigen Start in Dortmund mitnahm, ist: »Im Fußballgeschäft hat keiner Geduld. Das Wichtigste im Trainerberuf ist, erfolgreich zu sein, und nicht, etwas zu entwickeln in den nächsten drei bis vier Jahren. Weil ich die wahrscheinlich gar nicht erlebe.« Die Wende zum Guten kam prompt im nächsten Auswärtsspiel beim FC Bayern München. Der BVB gewann durch Treffer von Michael Rummenigge, Flemming Povlsen und ein Eigentor von Markus Münch mit 3:0 im Olympiastadion. Fortan ging es aufwärts. Einer, der einen ganz erheblichen Anteil am Aufschwung hatte, war Stéphane Chapuisat, ein weiterer Schweizer im Team. Es hieß ja: Was sollen wir mit zwei Schweizern? Erst der Trainer und dann auch noch der Chapuisat«, erinnert sich Hitzfeld, der den Stürmer noch aus seiner Zeit bei Lausanne Sports kannte und von Bayer Uerdingen holte. Gleich in seiner ersten Saison in Dortmund erzielte »Chappi«, wie er liebevoll genannt wurde, 20 Treffer für den BVB und belegte damit hinter Fritz Walter vom VfB Stuttgart Platz zwei in der Bundesliga-Torschützenliste. Insgesamt sollte er in den kommenden Jahren in 218 Spielen für die Schwarz-Gelben 102 Tore schießen – nur drei Spieler markierten mehr Treffer für die Borussia, nämlich die Klubikonen Manfred Burgsmüller (135), der heutige Sportdirektor Michael »Susi« Zorc (131) sowie Lothar Emmerich (115), der mit dem BVB 1966 den Europapokal der Pokalsieger gewann. Chapuisats Karriere nahm in Dortmund richtig Fahrt auf. Mit 103 Länderspielen (21 Tore) belegt er auch in der Liste der Schweizer Rekordnationalspieler Platz vier – lediglich Heinz Hermann (115 Einsätze), Alain Geiger (112) und Stephan Lichtsteiner (Stand 2019: 104 Einsätze) stehen in dieser Rangliste vor ihm. »Chappi hat sensationell eingeschlagen, aber auch sonst waren das alles gute Typen in der Mannschaft«, findet Hitzfeld, der die Spielzeit nach einer furiosen Rückrunde als Vizemeister beendete. »Zum Schluss haben vier Minuten zum Meistertitel gefehlt. Dann hat Guido Buchwald das Tor für den VfB geköpft. Da dachte ich, jetzt wirst du nie mehr Deutscher Meister.« Eine engere Meisterschaftsentscheidung hat es in der Bundesliga seitdem nicht mehr gegeben. Drei Teams hatten bis zum letzten Spieltag der Saison 1991/1992 die Chance, Meister zu werden: Eintracht Frankfurt mit Uwe Bein, Andreas Möller und Anthony Yeboah, der VfB Stuttgart und Dortmund. Vor dem letzten Spieltag hatten die Hessen die besten Aussichten. Mit einem Sieg in Rostock wäre der Mannschaft von Trainer Dragoslav Stepanovic die Meisterschale wegen des mit Abstand besten Torverhältnisses sicher gewesen. Doch die Eintracht verlor nach dramatischem Verlauf 1:2. Der BVB siegte durch einen Chapuisat-Treffer beim MSV Duisburg mit 1:0. Bis zur 86. Spielminute hielt Bayer Leverkusen ein 1:1 gegen Stuttgart, ehe Buchwald traf. Der VfB Stuttgart unter Trainer Christoph Daum war dank der besseren Tordifferenz Deutscher Meister. »Trotzdem war es sensationell, was wir mit Dortmund geleistet haben. Der zweite Platz war eine Überraschung. Frankfurt hatte die beste Mannschaft und hat den besten Fußball gespielt. Wir haben uns das mehr erarbeitet.«

»Fußball arbeiten« – das kam bei den Fans in der Malocherstadt Dortmund gut an. Die Vizemeisterschaft mag für viele im ersten Moment eine kleine Enttäuschung gewesen sein. Diese schlug nach kürzester Zeit jedoch in Freude und Stolz um. Nur die Älteren auf der Tribüne des Westfalenstadions konnten sich an die letzte Meisterschaft ihres Klubs erinnern. 1963 hatte das Team von Trainer Hermann Eppenhoff im Finale den 1. FC Köln mit 3:1 bezwungen. Bernhard Wessel, Wilhelm Burgsmüller, Dieter Kurrat, Alfred Schmidt und Friedhelm, genannt Timo Konietzka waren damals die Helden. Danach gab es eine lange Durststrecke ohne nationalen Titel zu überbrücken, ehe 1989 unter Horst Köppel wenigstens mal wieder der DFB-Pokal an den Borsigplatz geholt wurde. Das 4:1 im Finale von Berlin gegen Werder Bremen brachte gleich mehrere Helden hervor: Einige von ihnen, darunter Michael Lusch, Torwart Wolfgang »Teddy« de Beer, Michael Zorc und Frank Mill, gehörten auch 1992 noch der Mannschaft an. Der Kader freilich war auf vielen Positionen limitiert. Das wusste Hitzfeld, und das wussten auch die Bosse. Der Klub mit seinem ambitionierten Manager Michael Meier war entschlossen, weitere Verstärkungen an Land zu ziehen und einen kleinen Umbruch einzuleiten. Dank der Vizemeisterschaft hatte man immerhin die Qualifikation für den UEFA-Pokal in der Tasche (heute wäre man als Tabellenzweiter der Bundesliga automatisch für die Champions League qualifiziert, damals noch nicht). Das bedeutete Mehreinnahmen und die Möglichkeit, sich auch auf internationalem Parkett zu zeigen. Die Fans jedenfalls lechzten danach. Mit Stefan Reuter, der für 4,2 Millionen Mark Ablöse von Juventus Turin geholt wurde, kam im Sommer der erste Nationalspieler nach Dortmund. Im Winter sollte für die damals gewaltige Summe von 8,5 Millionen Mark Matthias Sammer folgen, der bei Inter Mailand nicht glücklich geworden war. Mit der Verpflichtung von Reuter und Sammer sendete die Borussia auch ein Signal an die Konkurrenz aus, dass von nun an mit ihr zu rechnen war. »Wichtig war das zweite Jahr«, findet deshalb auch Hitzfeld. »Wir konnten im Europapokal spielen und kamen ins UEFA-Cup-Finale. So haben wir viel Geld eingespielt.« Während es in der Bundesliga nicht ganz wie gewünscht lief – am Ende der Saison stand der vierte Tabellenplatz mit sieben Punkten Rückstand auf Meister Bremen –, startete die Hitzfeld-Truppe im UEFA-Pokal einen Durchmarsch bis ins Endspiel. Nacheinander wurden der FC Floriana aus Malta, Celtic Glasgow, Real Saragossa, der AS Rom und im Halbfinale AJ Auxerre (mit »Europapokal-held« Stefan Klos, der den entscheidenden Strafstoß beim 6:5 im Elfmeterschießen im Rückspiel hielt) ausgeschaltet.

74 Im Finale wartete schließlich Juventus Turin mit den Deutschen Jürgen Kohler und Andy Möller. In den beiden Endspielen war die Borussia dann allerdings chancenlos. Nach einem 1:3 zuhause verlor der BVB auch das Rückspiel klar mit 0:3. Trotzdem konnte man konstatieren, dass der eingeschlagene Weg erste kleine Erfolge zeitigte. So konnte es weitergehen. Dank des Erreichen des UEFA-Cup-Finals und der gleichzeitigen Schwäche der anderen deutschen Mannschaften im Europapokal kassierte die Borussia so viel Fernsehgelder wie noch nie. Dieses Geld wurde weiterhin in »Steine und Beine« investiert, sprich in den Stadionausbau, aber auch in weitere teure Neuzugänge. Vor der Spielzeit 1993/94 stieß Nationalspieler Karl-Heinz Riedle von Lazio Rom zum Team. Außerdem warb der BVB Steffen Freund vom Erzrivalen aus Schalke ab. Hitzfeld hatte nun eine Mannschaft zusammen, die sich von der Papierform her vor niemandem in der Liga verstecken musste. Deshalb rief der Verein erstmals offensiv das Ziel Meisterschaft aus. So gesehen verlief auch Hitzfelds drittes Jahr in Dortmund enttäuschend. Insbesondere in der Hinrunde hinkte das Team den eigenen Ansprüchen hinterher.

Nach 34 Spieltagen fehlten dann fünf Punkte auf Meister Bayern München. Mitentscheidend war die gruselige Auswärtsbilanz. Nur zwei Siege und 11:23 Punkte – das war definitiv nicht die Bilanz eines Spitzenteams. Entsprechend groß waren die Kritik und die Häme, die von einigen Seiten auf den selbsternannten Titelfavoriten einprasselte. Auch im UEFA-Pokal ging die Reise diesmal nicht ganz so weit wie im Vorjahr. Im Viertelfinale war gegen Inter Mailand Schluss.

Was folgte, ist bekannt. Borussia Dortmund versuchte mit aller Gewalt, die nationale Spitze zu erklimmen. »Jetzt erst recht«, lautete das Motto. Sportlich gelang das auch. Der Preis – und in diesem Falle ist das wörtlich zu nehmen – war allerdings verdammt hoch. »Es wurde fast zu viel investiert«, sagt Hitzfeld mit Blick auf die spätere Fast-Pleite des Klubs. »Das Ziel war in Dortmund immer, die Nummer eins zu sein vor den Bayern. Aber das war damals schon schwierig. Man kann Bayern mal schlagen, aber nicht permanent hinter sich lassen.« Doch zunächst war er als Trainer einer der Hauptnutznießer dieser Entwicklung. Zu Beginn der Saison 1994/95 rüstete der BVB personell weiter auf – mit der Verpflichtung von Innenverteidiger Julio César und Rückkehrer Andy Möller, die beide von Juventus Turin kamen, setzte der BVB das nächste Ausrufezeichen und blies zum Angriff auf die Meisterschale. Das kicker Sportmagazin schrieb vor der Saison: »Geld spielt bei der Borussia (fast) keine Rolle. (…) Jetzt muss ein Titel her.« Selbst Hitzfeld diktierte den Journalisten in ihre Notizblöcke: »Wir haben alle Spieler, die wir haben wollten.«

Ein furioser Saisonauftakt (4:0 gegen den TSV 1860 München und ein 6:1 in Köln) legte den Grundstein für den lang ersehnten Titel. Spätestens nach dem 1:0-Erfolg über den FC Bayern am 10. Spieltag glaubten alle im Verein, dass der große Coup diesmal möglich sei. Die Mannschaft um die Achse Klos – Julio César – Sammer – Möller hatte sich gefunden. Hinten stand die Abwehr auch dank der neu dazugewonnenen Erfahrung (außer Julio César waren auch die bundesligaerprobten Verteidiger Marco Kurz und Martin Kree neu im Team) endlich sicher, und vorne gab es nicht nur einen Torjäger. Vielmehr waren alle Offensivakteure torgefährlich und der BVB-Sturm entsprechend schwer auszurechnen. Am 17. Juni 1995 um kurz nach 17.15 Uhr war es dann so weit: In Dortmund brachen bildlich gesprochen alle Dämme. Otto Rehhagels Bremer, die vor dem letzten Spieltag noch einen Punkt Vorsprung gehabt hatten, verloren ihr letztes Saisonspiel beim FC Bayern mit 1:3. Gleichzeitig gewannen die Mannen von Ottmar Hitzfeld 2:0 gegen den Hamburger SV. Zwei frühe Tore von Andy Möller und Lars Ricken sicherten die erste Meisterschaft nach 32 Jahren langen Wartens. Zehntausende feierten auf dem Rasen des Westfalenstadions. Am nächsten Tag säumten sage und schreibe 500 000 Fans die Straßen, als Trainer und Spieler im Meisterkorso quer durch die Stadt fuhren. Die Mannschaft und ihr Trainer hatten sich unsterblich gemacht. Es soll die größte Meisterfeier der deutschen Fußballgeschichte gewesen sein. »Diese Begeisterung, wie sie 1995 herrschte, habe ich nie mehr in meinem Leben erlebt«, schwärmt Hitzfeld bis heute von diesen unvergesslichen Momenten. »Wir sind mit Wagen durch die Stadt gefahren, am Borsigplatz vorbei. Da standen Hunderttausende auf den Straßen und an den Fenstern, Jung und Alt, alle gelb-schwarz angemalt oder gekleidet. So eine Identifikation habe ich nie mehr in meinem Leben erlebt.« Die Bedeutung, die dieser Titel für die Menschen in Dortmund hatte, ist unermesslich. Den Grund dafür sieht Hitzfeld in der Mentalität der Leute: »In Dortmund ist Fußball Religion – ganz anders als zum Beispiel in München. München hat viele neue Fans durch den Erfolg dazugewonnen. In Dortmund ist das gewachsen. Das ist den Kindern dort in die Wiege gelegt worden. Der BVB wird zelebriert.« Schon bei seinem Amtsantritt vier Jahre zuvor hatte er diese besondere Beziehung der Einheimischen zu ihrem Verein wahrgenommen, diese ganz besondere Verantwortung, in einer solch fußballverrückten Stadt Trainer der Bundesligamannschaft zu sein, aber nie so ganz an sich herangelassen: »Man hat schon gespürt, dass der Fußball für viele der Lebensinhalt ist und dass die Leute hinter dem BVB stehen, auch wenn man verloren hat. Dann singen sie immer noch. Man kriegt Applaus, wenn man gekämpft hat. Natürlich weiß man das. Aber es geht immer ums Sportliche, und da denkt man nicht an die Reaktion der Fans und der Bevölkerung.« Sich auszumalen, was der Gewinn des Titels in der Stadt auslösen könnte, hatte sich Hitzfeld verboten: »Man konzentriert sich aufs Wesentliche. Wie vielleicht gefeiert werden würde, an die Folgen, daran denkt man nicht, das lenkt nur ab. Der Fokus ist voll und ganz auf das sportliche Ziel gerichtet!«

»Ich war eigentlich immer ein vorsichtiger Mensch, habe nichts überstürzt gemacht oder aus der Euphorie heraus.«

Einmal Blut geleckt, wurden in Dortmund natürlich für die folgende Saison wieder hohe Ziele ausgerufen. Allerdings hatte die Borussia durch den Erfolg und vor allem auch durch ihre aggressive Einkaufspolitik den FC Bayern München bis aufs Äußerste gereizt. Die Bayern holten daher nicht nur Bremens Erfolgstrainer Otto Rehhagel an die Säbener Straße, sondern mit Topstürmer Jürgen Klinsmann von Tottenham Hotspur, Andreas Herzog, Thomas

Strunz und Ciriaco Sforza gleich vier hochkarätige Verstärkungen. Der BVB setzte mit Jürgen Kohler (Juventus Turin) auf einen weiteren Italien-Rückkehrer und verpflichtete den aktuellen Bundesliga-Torschützenkönig Heiko Herrlich von Borussia Mönchengladbach, der die Langzeitverletzten Chapuisat und Riedle (beide fielen mit Kreuzbandrissen mehrere Monate aus) ersetzen sollte. Hitzfeld war klar, dass aufgrund der gestiegenen Erwartungshaltung eine schwierige Saison auf ihn und die Mannschaft wartete, zumal in den Jahren zuvor kein Team seinen Titel erfolgreich verteidigen konnte. »Einfach mehr machen und sich mehr quälen«, lautete deshalb seine Devise, und die ging auf. Allerdings stand der erneute Erfolg auf der Kippe. Am 30. Spieltag setzte es eine derbe 0:5-Niederlage beim Karlsruher SC – der BVB und die Bayern standen nun punktgleich an der Spitze. Doch die Münchner verloren die folgenden beiden Auswärtsspiele in Bremen und auf Schalke, die Borussia holte dagegen zehn Punkte aus den letzten vier Partien und rettete sich so über die Ziellinie. Nach dem 2:2 beim TSV 1860 München am 33. Spieltag war die insgesamt fünfte Deutsche Meisterschaft unter Dach und Fach. »Das Karlsruhe-Spiel hat uns im Nachhinein enger zusammengeschweißt und uns vielleicht die Meisterschaft gesichert«, sagte Hitzfeld hinterher. Eine wichtige Erfahrung, die er sich Jahre später in München zunutze machen sollte. Manager Meier machte hinterher »Ruhe, Disziplin und Harmonie« als Hauptgrund für die Titelverteidigung aus. Ohne den Einbruch der Bayern wäre es aber wohl eng geworden. So sah es auch der damalige Bayern-Präsident Franz Beckenbauer: »Diese Werte waren schon immer wichtig. Meier hat dennoch recht: die Borussia wurde deshalb Meister. Mit Streitereien holt man nicht den Titel, uns haben diese Eifersüchteleien den Titel gekostet.« Vor allem die beiden Alphatiere Lothar Matthäus und Jürgen Klinsmann konnten nicht miteinander. Matthäus warf dem Schwaben in einem Interview vor, er sei »egoistisch, feige und vor allem aufs Geld aus«. Solche Auswüchse gab es in Dortmund nicht, oder es wurde dafür gesorgt, dass nichts davon nach außen drang. Schon damals räumte Hitzfeld, der so etwas wie in München nicht geduldet hätte, ein, dass es auch in seiner Mannschaft durchaus rumorte. Heute sagt er rundheraus, dass längst nicht jeder mit jedem konnte bei der Borussia. »Ich erinnere mich, dass Julio César immer genervt seine Augen schloss, wenn Matthias Sammer in der Kabine etwas sagte. Und Sammer wollte auch, dass wir Andy Möller härter anfassen. Aber Möller war ein sensibler Spieler, ihn musste man spielen lassen und ihm Vertrauen schenken.« Das Trainerteam moderierte all diese aufkommenden Spannungen souverän. Allerdings kostete das den Chef auch viel Kraft: »Es waren ungeheuer viele verschiedene Charaktere. Die alle unter einen Hut zu bringen, war schon eine gewaltige Aufgabe.« Zur Saison 1996/97, Hitzfelds mittlerweile sechste beim BVB, kam mit dem Portugiesen Paulo Sousa ein weiterer schwieriger Charakter hinzu. Es war aber vor allem Sammer, mit dem Hitzfeld so seine Nöte hatte. Nach zwei Deutschen Meisterschaften verband die beiden aber vor allem eines: die Sehnsucht nach einem großen internationalen Titel. Und die Mannschaft war reif dafür, um nicht zu sagen: überreif. Denn in der Meisterschaft machten sich die Abnutzungserscheinungen, die es zwischen der Mannschaft und ihrem Trainer zweifellos gab, recht deutlich bemerkbar. Acht Auswärtsniederlagen, zum Teil gegen klar schwächere Teams, zeugten davon. In der Bundesliga wirkte die Mannschaft zeitweise satt und auch ein wenig arrogant. Auch deshalb reichte es in dieser Spielzeit hinter den Bayern und Bayer Leverkusen nur zu Rang drei. Dafür drehte der BVB in der Champions League auf. Die Gruppenphase beendete die Borussia hinter Atlético Madrid auf Platz zwei und qualifizierte sich souverän für die Playoff-Spiele. Im Viertelfinale gab es dann ein Wiedersehen mit dem französischen Vertreter AJ Auxerre. Mit 3:1 und 1:0 zog Dortmund ins Halbfinale ein, wo Manchester United wartete, damals neben Juventus Turin das Nonplusultra im europäischen Vereinsfußball. Peter Schmeichel, Eric Cantona, David Beckham, Roy Keane oder Paul Scholes – Fußballfans schnalzen bei diesen Namen heute noch mit der Zunge. Dazu hatten die »Red Devils« mit Sir Alex Ferguson einen der angesehensten Trainer auf der Bank sitzen. Das Hinspiel in

Dortmund entschied Stürmer René Tretschok mit seinem Treffer zum 1:0 in der 76. Minute – der Grundstein für den späteren Finaleinzug. Vor dem Rückspiel in »Old Trafford« gab es aber nicht wenige, die noch immer die Engländer im Vorteil sahen, zumal mit Sammer und Sousa zwei wichtige Spieler verletzt ausfielen. Die Partie am Abend des 23. April 1997 sollte dann eines der legendärsten Spiele einer Borussia-Elf in Hitzfelds Amtszeit werden. Der Trainer schickte mit Riedle, Chapuisat, Möller und Ricken vier Offensivkräfte aufs Feld. Seine Taktik: Nicht mauern, sondern ein Auswärtstor erzielen. Mutig, aber logisch. Die Europapokalarithmetik sieht vor, dass bei Torgleichheit die Mannschaft weiterkommt, die auswärts mehr Treffer erzielt hat. Das bedeutete: Schoss der BVB ein Tor, müsste Manchester schon dreimal treffen, um noch ins Finale zu kommen. Der Plan ging schon nach acht Minuten auf: Nach schöner Vorarbeit von Möller traf der damals 20-jährige Ricken zur Führung. Vorteil Dortmund! »Uns war klar, dass wir auch auswärts unbedingt ein Tor erzielen müssen«, erinnert sich der Torschütze im »kicker«. »Entsprechend stellte Hitzfeld auf. Eine Einmauerungstaktik war das nicht. Nach dem frühen 1:0 entwickelte sich die Partie dann zu einer Abwehrschlacht.« Eine Abwehrschlacht, die zur »Geburtsstunde des Fußballgotts Kohler« wurde, wie das Sportmagazin titelte. Noch mehr als an den Siegtreffer von Ricken, der erst durch den Ausfall von Sousa in den Kader gerückt war, erinnert man sich an die Rettungstaten des Dortmunder Innenverteidigers, der mit letztem Einsatz und sogar im Liegen ein ums andere Mal ein Gegentor verhinderte. Selbst die Fans von Manchester United waren von dieser Leistung beeindruckt und würdigten die Borussen-Spieler nach aufregenden 90 Minuten mit Standing Ovations. »So etwas erlebt man nicht oft im Fußball. Während des Spiels war das nicht abzusehen. Die Fans pushten ihre Mannschaft extrem nach vorn. Nach dem Schlusspfiff erkannten sie aber an, wie aufopferungsvoll wir uns in den 90 Minuten gewehrt hatten, und zahlten uns das mit englischem Fair Play zurück«, so Ricken. Auch für Ottmar Hitzfeld persönlich war diese »magische Nacht« von Manchester ein großes Erlebnis, der Sieg einer der wichtigsten für ihn als Trainer. Mit Alex Ferguson verbindet Hitzfeld seit dieser Zeit ein ganz besonders inniges Verhältnis. Die beiden Trainer, die sich sehr schätzen, pflegten in der Folge – immer wenn sich ihre Mannschaften trafen – ein von gegenseitiger Wertschätzung geprägtes Ritual, das sie vor jedem Match zu einem kurzen Gedankenaustausch bei einer Tasse Tee zusammenführte. Eine außergewöhnliche und wohl einmalige Verbindung.

Viel Zeit, das Gesehene zu genießen, gönnte sich Hitzfeld nach dem gewonnenen Halbfinale nicht. Er richtete den Blick nach vorne, auf den 28. Mai, den Tag des anstehenden Endspiels gegen Juventus Turin, den Titelverteidiger, der Stars wie Zinédine Zidane, Didier Deschamps, Alessandro del Piero oder Christian Vieri in seinen Reihen hatte. Wie es seine Art war, zerbrach sich Hitzfeld tage- und nächtelang den Kopf, mit welcher Taktik und mit welchem Personal er den italienischen Rekordmeister und dessen Coach Marcello Lippi überraschen und nach Möglichkeit bezwingen konnte. »Juve war zu der Zeit die beste Mannschaft der Welt, zwei Jahre lang hatten die kein Spiel verloren«, sagt er. Dazu kam, dass die Journaille bereits den Abgesang auf den BVB und seinen Trainer anstimmte. So schrieb die Süddeutsche Zeitung im Vorfeld des Endspiels, dass Hitzfelds Distanz zu seinem »Starensemble« so groß sei, »dass man kein Prophet sein muss, um nach dem Mittwoch einen gewaltigen Knall zu erwarten«. Besonnen und fokussiert wie immer, ignorierte Hitzfeld alle Unkenrufe und erwartete mit ungeheurer Selbstsicherheit sein bis dahin wichtigstes Spiel als Trainer. »Man muss dran glauben, hundertprozentig überzeugt sein, dass es klappt, selbstbewusst auftreten«, so sein Credo. »Aber es gehört natürlich auch immer Glück dazu, wenn man ein Finale gewinnen will. Das zu erleben, war Wahnsinn.« Im Sturm waren Riedle und Chapuisat gesetzt, als Mittelfeldabräumer agierten Sousa und der Schotte Paul Lambert. Lediglich in der Abwehr hatte Hitzfeld eine harte Nuss zu knacken. Bis zum Halbfinale hatte dort der Österreicher Wolfgang Feiersinger als Abwehrchef seinen Job exzellent gemacht. Doch rechtzeitig zum Finale meldete sich auch Sammer wieder fit. Ausgerechnet Sammer – der Mann, der im Hintergrund den Schulterschluss mit Präsident Niebaum gesucht und vereinzelt schon verbale Giftpfeile gegen Hitzfeld abgeschossen hatte. Aber bei all seinen Maßnahmen und Entscheidungen stand für Hitzfeld immer das Wohl des Vereins an erster Stelle, nicht die eigene gekränkte Eitelkeit, die – so dachte er – nur zu Dingen oder Handlungen führen würde, die vom großen Ziel abgelenkt hätten. »Ich habe stundenlang überlegt: Feiersinger oder Sammer«, erinnert er sich an die Tage vor dem Endspiel. »Feiersinger hätte es verdient gehabt zu spielen. Aber dann musste ich ihn sogar auf die Tribüne setzen. Als Joker wollte ich einen zusätzlichen Stürmer im Kader haben. Ich habe mir ausgerechnet, dass mir offensive Kräfte nützlicher sind, wenn wir vielleicht in Rückstand geraten, als ein Feiersinger auf der Bank. Das war definitiv die schwerste Trainerentscheidung

meines Lebens!« Im Finale selbst »hat dann alles gepasst«. Sammer spielte neben Jürgen Kohler und Martin Kree auf hinterster Linie eine sehr solide Partie, und das obwohl er keinerlei Spielpraxis vorzuweisen hatte. Der Spielverlauf spielte Hitzfeld und der Borussia zudem in die Karten. Der viel kritisierte Riedle brachte den BVB mit zwei Treffern in Führung (29./34. Minute). Den zwischenzeitlichen Anschlusstreffer durch del Piero (64.) steckten die Dortmunder weg. Schließlich besorgte Ricken den 3:1-Siegtreffer, als er in der 71. Minute mit seiner allerersten Ballberührung den Ball über den weit vor seinem Kasten stehenden Juve-Keeper Angelo Peruzzi hinweg ins Tor schlenzte. Hitzfeld hatte seinen Youngster nur wenige Sekunden zuvor für Chapuisat eingewechselt. Ein goldenes Händchen nennt man das wohl. »Riedle hat einen tollen Tag erwischt, Paul Lambert hat als Arbeitsbiene überzeugt«, hebt Hitzfeld zwei Spieler heraus. Speziell der Auftritt Riedles freute ihn, denn er baute auf ihn, obwohl der gebürtige Augsburger die ganze Saison über bereits als Fehleinkauf abgestempelt worden war. »Riedle hat immer gespielt bei mir, obwohl er in der Bundesliga nicht viele Tore geschossen hat. Ich habe noch nie so einen kopfballstarken Stürmer erlebt, mit einer so großen Sprungkraft und einer solchen Präzision. In der Liga hat er aber Nerven gezeigt, vielleicht weil er teuer und die Erwartungshaltung riesig war. Aber im Champions-League-Finale hat er das Vertrauen zurückgezahlt.« Präsident Niebaum ließ sich bei der späteren Siegesfeier zu den überschwänglichen Worten hinreißen: »Borussia Dortmund ist die Nummer eins in Europa, Kalle Riedle und Lars Ricken haben drei Tore für die Unsterblichkeit geschossen.« Mit dem Champions-League-Sieg – dem ersten einer deutschen Mannschaft, seit der Wettbewerb so heißt – ging die Saison 1996/97 als die erfolgreichste in die Vereinsgeschichte ein. Erst 2012/13 unter Trainer Jürgen Klopp stand wieder eine BVB-Elf in einem Champions-League-Finale. Im Londoner Wembley-Stadion mussten sich die Schwarz-Gelben dann aber im deutschen Duell dem FC Bayern München mit 1:2 beugen.

Ottmar Hitzfeld hatte gerade die wichtigste Trophäe im europäischen Vereinsfußball gewonnen, konnte diesen Erfolg jedoch kaum genießen. Bei der Meisterfeier zeigte er sich zwar wie 1995 bei seiner ersten Deutschen Meisterschaft scheinbar ausgelassen mit Pickelhaube und Zigarre. In ihm drin sah es aber anders aus. Die hinter seinem Rücken aufkeimende Unruhe im Verein konnte ihm nicht gefallen. Zudem fühlte er sich müde und leer, was ihm schwer übersehbar ins Gesicht geschrieben stand. Die große Gruppe egozentrischer, divenhafter Profis bei Laune zu halten, internen Ärger immer wieder im Sinne des Erfolges herunterzuschlucken und sich in den Wind zu stellen, das hatte immens viel Kraft gekostet. Und genau jetzt, im bis dato größten Moment seiner Karriere, schien ihm ein Teil der Mannschaft die Gefolgschaft zu verweigern. Matthias Sammer soll später gesagt haben, dass die Mannschaft ohne die Ansprachen des Präsidenten nie die Champions League gewonnen hätte. Über Hitzfeld dagegen kein Wort. Auch Niebaum verkniff sich in der Feiernacht ein öffentliches Lob für seinen Coach. Der wusste instinktiv, dass seine Tage gezählt waren. Hitzfeld sagt von sich selbst, dass er eine gute Menschenkenntnis besitzt und Strömungen rechtzeitig erfühlen kann. Und so war es auch hier. »Mit dem Champions-League-Sieg konnten wir unsere Probleme kaschieren. Aber da wusste ich, es hat keinen Sinn mehr. Nach sechs Jahren hat mich das alles auch zu viel Kraft gekostet.« Und so reifte in Hitzfeld der Gedanke, sein Traineramt freiwillig niederzulegen. Einer, der davon nichts ahnte, war Michael Henke. Auch der hatte im Vorfeld des Endspiels zwar »ein paar atmosphärische Störungen« wahrgenommen und gemerkt, dass das eine oder andere im Argen lag. Als junger Trainer, wie er sagt, habe er das ganze Ausmaß aber nicht richtig eingeschätzt. »Ich dachte, etwas Größeres, als die Champions League zu gewinnen, gibt es nicht. Daher habe ich nicht verstanden, dass nach dem größten Erfolg der Vereinsgeschichte plötzlich alles auseinanderbricht.« Eines Tages habe ihn Hitzfeld dann angerufen und gesagt: »Pass auf, ich höre als Trainer auf. Wir haben keine Chance mehr in Dortmund.« Ein Schlag für Henke, der die Welt nicht mehr verstand. »Ich habe geschluckt und gesagt, du, wir haben gerade die Champions League gewonnen!« Hitzfelds Entschluss stand aber fest. Und nicht nur das. Unheimlich viel prasselte in diesen ereignisreichen Tagen auf den angeschlagenen, sensiblen Fußballlehrer ein. Denn kaum hatte er sich zum Rückzug als BVB-Trainer durchgerungen, musste er schon die nächste richtungsweisende Entscheidung treffen. Real Madrid – die »Königlichen«, die Hitzfeld schon als Junge verehrt hatte – fragten bei ihm an und machten ihm ein Vertragsangebot. Was für eine Chance! Der Reiz war riesengroß, zumal sowohl **89** seine Familie als auch sein Co-Trainer Michael Henke mit Begeisterung mitgekommen wären. Aber es wäre in der Situation, in der sich Hitzfeld gerade befand, eben auch ein Risiko gewesen – kraftlos und ausgebrannt nach sechs Jahren in Dortmund. »Ich habe Tag und Nacht überlegt, aber schließlich abgesagt. Ich dachte mir: Bis ich Spanisch kann, bin ich entlassen. Ich kann nicht Real trainieren und nebenbei Spanisch lernen, wenn ich eh schon ausgelaugt bin. Da schade ich mir nur selbst.« Bei Michael Henke klingt das so: »In demselben Gespräch, in dem er mir mitteilte, dass er als BVB-Trainer aufhören würde, erzählte er mir von der Anfrage aus Madrid. Daraufhin sprudelte ich los: ›Ist doch super, Ottmar. Gehen wir nach Madrid!‹ Aber da sagte er auch, er schaffe das im Moment nicht, er sei ausgelaugt und kaputt, er brauche eine Pause. Der Zeitpunkt passe nicht. Da habe ich gemerkt, dass er wirklich ausgepowert war.«

Wie sollte es weitergehen? Für Hitzfeld war klar, dass er als BVB-Trainer aufhören würde, eine Auszeit vom Fußball nehmen wollte. Allerdings hatte Michael Meier eine andere Idee. Der Manager, der Hitzfeld bis heute freundschaftlich verbunden ist und im Sommer 1997 als Einziger im Verein noch zu hundert Prozent hinter ihm stand, bot ihm den Posten des Sportdirektors an. Hitzfeld stünde nicht mehr in der ersten Reihe, würde aber nicht sein Gesicht verlieren. Er könnte sich im Hintergrund um die sportlichen Belange des Klubs kümmern, sich weiterbilden und wieder Kraft auftanken. »Das war die Lösung«, so Hitzfeld, der allerdings sehr schnell merkte, dass sein Platz auf dem Trainingsplatz war und eben nicht in der Chefetage. »Als Sportdirektor musst du den Kopf hinhalten, aber hast keinen Einfluss. Letzten Endes: Trainieren und die Mannschaft einstellen, das macht ein anderer. Aber du denkst halt doch wie ein Trainer. Das war nichts für mich.« Der Italiener Nevio Scala übernahm das Traineramt beim BVB. Ihm wollte er den Rücken freihalten und sich nicht einmischen. Sein Platz war nun – anders als bei anderen Klubs, wo die Manager und Sportdirektoren neben dem Trainer auf der Bank sitzen – die Tribüne. Doch ehe Hitzfeld sich in seiner neuen Rolle zurechtfinden konnte, wurde ihm klar, dass dies keine Dauerlösung sein würde. Zu viel Schreibtisch, zu wenig Action. Nach nur einem Jahr als Sportdirektor war deshalb schon wieder Schluss. »Die Selbstständigkeit eines Trainers, auch alles planen zu können, fehlte mir.«

Die Konsequenz, mit der Ottmar Hitzfeld in seiner Karriere Entscheidungen traf und diese dann auch, ohne zurückzuschauen, durchzog, ist bewundernswert. Sie nötigt allen, die im Fußballgeschäft tätig waren oder sind, viel Respekt ab. Real Madrid feierte ein Jahr nach Hitzfelds Absage unter Jupp Heynckes den Sieg in der Champions

League. Bereut hat Hitzfeld seinen Schritt dennoch nie. Noch heute sagt er: »Es war die richtige und logische Entscheidung. Wenn man nur mit Dolmetscher arbeitet, wird's schwierig. Meine Stärke war ja immer auch die menschliche Komponente, die Kommunikation. Das verliert man. Dafür muss man die Landessprache beherrschen.« Glücklich, wer so durchs Leben gehen kann, ohne etwaigen Chancen im Leben nachzutrauern und sich ewig zu fragen: Was wäre gewesen, wenn …? Seine Devise, immer einen **91** Schritt nach dem anderen zu tun, half ihm dabei. Diese Erfahrung, die er inzwischen als »Fußballrentner« in Seminaren für Jugendliche oder bei Veranstaltungen der Sepp-Herberger-Stiftung des Deutschen Fußball-Bundes (DFB) weitergibt, für die er als Botschafter tätig ist, lautet: »Eine Tür öffnet sich immer irgendwo, wenn man Schritt für Schritt vorangeht.« Und auch ihm sollten sich schon bald neue Türen öffnen. Das Angebot, schon 1998 das Amt des Schweizer Nationaltrainers anzutreten und den glücklosen Rolf Fringer abzulösen, schlug er noch aus. Doch allmählich war er wieder bereit für eine neue Herausforderung als Trainer. Inzwischen hatte er sich von den Strapazen der vergangenen sechs Jahre erholt. Er konnte wieder gut schlafen, hatte Zeit für Freunde und Hobbys, stellte aber schon bald fest, dass das noch nicht alles gewesen sein konnte. Ihm fehlte eine Herausforderung. Im Frühjahr 1998 stellte sich die Situation so dar, dass sich Hitzfeld einen Bundesligaklub hätte aussuchen können. Verbrieft sind Anfragen von Hertha BSC, Borussia Mönchengladbach und dem VfB Stuttgart. Und kein Geringerer als »Kaiser« Franz Beckenbauer schmierte Hitzfeld ein ums andere Mal kräftig Honig ums Maul. Die beiden trafen sich in dieser Zeit häufig im Fernsehstudio, wo Beckenbauer als Experte arbeitete und der Dortmunder Sportdirektor immer ein gern gesehener Talkgast war. Die Chemie zwischen beiden stimmte, und so lebte die Hoffnung, dass eines Tages wahr werden würde, was Beckenbauer zu Hitzfeld noch halb im Spaß gesagt hatte: »Ottmar, du bist der nächste **92** Bayern-Trainer!« Ausgerechnet der BVB war es dann im März 1998, der den Weg für Hitzfeld frei machte. Das Los führte die Kontrahenten im Viertelfinale der Champions League zusammen. Nach einem 0:0 in München setzte sich die Borussia durch ein 1:0 im Rückspiel in Dortmund (Tor: Chapuisat) durch und zog ins Halbfinale ein. Das Ganze passierte wenige Wochen nach Giovanni Trapattonis legendärer »Flasche-leer«-Pressekonferenz. Der Italiener, der das Traineramt bei den Bayern bereits zum zweiten Mal innehatte, soll am Tag nach der Partie in Dortmund persönlich ins Büro von Uli Hoeneß gekommen sein und seinen Vertrag, der noch zwei Jahre lief, gekündigt haben. Da Präsident Beckenbauer ohnehin von ihm überzeugt war und auch Hoeneß dessen Vorzüge als Trainer nicht verborgen geblieben waren, war die Stunde von Ottmar Hitzfeld beim deutschen Rekordmeister gekommen. Und wieder einmal steckte er in einer Phase seines Lebens, in der er zwischen den Extremen »Ich will es mir wieder beweisen« und »Es tut mir eigentlich nicht gut« pendelte, wie es eine Zeitung einmal sehr treffend beschrieb. Eine größere Herausforderung, als ausgerechnet in München anzufangen, hätte es für Hitzfeld nicht geben können. Reihenweise waren hier Trainer mit großen Namen gescheitert bzw. durften nicht weiterarbeiten, zuletzt Rehhagel und Trapattoni. Die Aufgabe in München bestand nicht nur darin, den Klub wieder dauerhaft an die nationale Spitze und nach Möglichkeit auch wieder zu einem großen internationalen Titel zu führen. Es ging auch darum, dass beim als »FC Hollywood« verschrienen FC Bayern wieder Ruhe und Disziplin Einzug halten sollten. »Natürlich wird man bei Bayern nur an Titeln gemessen«, sagt Hitzfeld, als sei ein Engagement beim erfolgreichsten deutschen Klub die einfachste Aufgabe der Welt. »Aber man hat auch die besten Spieler.« Druck, so ist er überzeugt, hat man letztlich überall. »Der Trainer in Augsburg hat den gleichen Druck. Wenn du verlierst, stellen die Journalisten dort die gleichen Fragen.« Jedem anderen wäre bei den Vorgaben, die die Bayern-Oberen um Beckenbauer und Hoeneß für die Spielzeit 1998/99 machten, mulmig geworden. Angesichts des wieder mal »besten Kaders« mit namhaften Neuzugängen wie Stefan Effenberg, Jens Jeremies, Hasan Salihamidzic und Thomas Linke forderten sie nicht weniger als »erfolgreichen und schönen Fußball«. Hitzfeld versuchte gar nicht erst, das zu relativieren und sich in Allgemeinfloskeln zu flüchten wie »die Mannschaft muss sich erst finden« oder »andere können auch Fußball spielen«. Er machte sich das Ziel, dem Publikum attraktiven Fußball zu bieten, zu eigen. »Bayern München ist natürlich ein exponierter Verein. Aber hier kann man Titel holen.« Sein Versprechen vor der Saison lautete: »Wir werden offensiver spielen, mit mehr Druck und Risiko!« Trapattoni hatte vor allem auf die defensive Grundordnung Wert gelegt. Hitzfeld wollte das Spiel weiter nach vorne verlagern. Gerade im offensiven Mittelfeld hatte er erstklassiges Personal und die Qual der Wahl. Auch sonst standen ihm die Spieler zur Verfügung, mit denen er endlich das umsetzen konnte, was ihm zuvor bei Borussia Dortmund noch nicht zur Gänze gelungen war: Hitzfeld dachte modern und kündigte das Ende des klassischen

Liberos an. Er wollte lieber auf eine Viererkette oder eine Dreierreihe mit einem Abräumer vor der Abwehr setzen. Die im Vergleich zu seinen bisherigen Trainerstationen noch einmal höhere Erwartungshaltung nahm Hitzfeld so hin: »Für mich machte es eigentlich keinen Unterschied, denn für mich zählte das Wesentliche, nämlich die Mannschaft und mein Umfeld, mit dem ich arbeite.« In Michael Henke hatte er auch in München einen engen Vertrauten an seiner Seite. Lediglich mit Torwarttrainer Sepp Maier hatte er zuvor noch nicht gearbeitet. Kein Problem also, ebenso die deutlich größere Anzahl von Reportern und Kamerateams, die ständig um die Mannschaft herum waren. »Im Umgang mit Journalisten habe ich nie Probleme gehabt. Mehr als das Medieninteresse war für mich die sportliche Führung mit Beckenbauer und Hoeneß der größte Unterschied zu Dortmund. Aber mir ist es lieber, ich habe einen Weltmeister als Präsidenten oder Vorstandsvorsitzenden, der weiß, wie der Fußball funktioniert, als einen ›Amateur‹, der im Profifußball mitreden will, ihn aber nie erlebt hat. Man diskutiert mit solchen Leuten anders über Fußball.« Dass man sich gleich sympathisch war, steigerte Hitzfelds

Vorfreude noch. »Uli kannte ich ja schon, Franz war auch sehr umgänglich, das hat alles gepasst, es war eine spannende Herausforderung.« Ein ganz klein wenig trat Hitzfeld dann aber doch auf die Erwartungsbremse. Er wusste, dass gerade der FC Bayern mit seinen vielen Nationalspielern nach großen Turnieren häufig nicht richtig in die Gänge kam. Bei der Fußball-Weltmeisterschaft in Frankreich waren nicht weniger als neun Bayern-Profis im Einsatz gewesen. Viele kamen erst spät zur Vorbereitung zurück an die Säbener Straße, die Deutschen nach dem frühen und deutlichen Viertelfinal-Aus gegen Kroatien dazu auch nicht gerade mit viel Selbstvertrauen. Hitzfeld führte viele Gespräche, auch und besonders intensiv mit den als schwierig geltenden Akteuren wie Matthäus, Effenberg oder Mario Basler, und er war klug genug, die Problematik zu thematisieren und das Umfeld auf eine schwierige und möglicherweise zähe Hinrunde vorzubereiten. Wörtlich sagte er: »Wir müssen uns bis Weihnachten eben durchmogeln.« Es war eine unnötige Schutzmaßnahme. Die Bayern starteten im Pokal und in der Meisterschaft durch und jagten sogar den Startrekord aus der Saison 1995/96, den sie mit sieben Siegen selbst hielten. Ein 2:2 zuhause gegen Borussia Dortmund verhinderte die Einstellung des Rekords am siebten Spieltag. Die erste Niederlage setzte es gar erst am 10. Spieltag bei Eintracht Frankfurt (0:1). Nach Ende der Hinrunde betrug der Vorsprung der Bayern auf Bayer Leverkusen bereits sechs Punkte. Nach 34 Spieltagen waren es sogar 15 Zähler. Die Mannschaft spielte den angekündigten erfrischenden Offensivfußball, und das Wichtigste: Dank Hitzfelds Art, jeden Spieler gleich zu behandeln und keine Ego-Anwandlungen oder Sonderbehandlungen zu dulden, herrschte Ruhe im Karton.

»Was vor meiner Zeit war, interessiert mich nicht. Bei mir fängt es für jeden wieder bei null an.« Solche oder ähnliche Sätze hörte man von Ottmar Hitzfeld regelmäßig, wenn er bei einem neuen Verein antrat. Und sie waren keine leeren Worthülsen. In vielen Einzelgesprächen versuchte er, die Spieler und gerade auch die schwierigen Charaktere auf seine Seite zu ziehen, mit ihnen respektvoll, offen und ehrlich umzugehen und seine Entscheidungen transparent zu machen. »Ich habe versucht, absolut gerecht zu sein«, sagt er. Dabei leugnet er nicht, dass er durchaus zwischen Leistungsträgern und anderen unterschied. Nicht unbedingt ein Widerspruch für den Psychologen Hitzfeld: »Ich habe die ganz wichtigen Spieler genauso kritisiert wie alle anderen, oder sogar noch mehr, weil man ja auch mehr erwartet. Die Stars müssen spüren: Der Trainer hat eine klare Linie, du musst deine Leistung bringen.« Wichtig war ihm auch, Argumente zu liefern, warum er eine Entscheidung so oder anders getroffen hatte. So habe er immer versucht, die Spieler zu überzeugen. »Er hat immer alles erklärt«, bestätigte Stefan Effenberg später einmal. »Er ist zu mir gekommen, als er das Gefühl hatte, dass ich nicht mehr gesetzt bin.« Nur wenn ein Profi Argumenten nicht zugänglich war, konnte Hitzfeld – ein bisschen wie ein Lehrer in einer Schulklasse – auch Strenge und Härte walten lassen. Die meisten Profis wussten diesen Charakterzug Hitzfelds zu schätzen. Genauso wie die Tatsache, dass er niemanden links liegen ließ. »Mir war immer wichtig, auch den Spielern Zeit zu schenken, die nicht spielen. Ich wollte keine Zwei-Klassen-Gesellschaft.« Letztlich sei es ihm immer darum gegangen, seine Mannschaften so zu führen, wie er als Spieler selbst gerne behandelt worden wäre. »Viele Trainer sagen, jeder im Kader sei wichtig, aber dann kümmern sie sich nur um die Stars. Aber gerade der Ersatzspieler ist in einer schwierigen Situation. Ich hab da immer Empathie gehabt.« Empathie ja, Mitleid nein, betont Hitzfeld aber. »Man muss das trennen: Empathie kann man haben, aber als Trainer bin ich angestellt, um erfolgreich zu sein. Ich bekomme mein Geld, um den größtmöglichen Erfolg zu erreichen, und nicht, um ein angenehmer Trainer zu sein. Beides zu verbinden, das ist die Kunst.« Dass er mal mit einem Spieler gar nicht mehr ausgekommen wäre, das habe es nicht gegeben. Ob Andy Egli bei den Grasshoppers, Frank Mill in Dortmund oder Mario Basler bei den Bayern: Hin und wieder knisterte es ganz schön im Gebälk. Im Sinne des Erfolgs habe er sich aber letztlich auch mit diesen Spielern arrangiert.

Die Erwartungen an Hitzfeld hatten sich in seinem ersten Münchner Jahr mehr als erfüllt, der neue Mann an der Seitenlinie wurde als »absoluter Glücksgriff« gefeiert. Im Mai 1999 war sogar noch das »Triple« möglich, also der Gewinn aller drei Wettbewerbe: Meisterschaft, DFB-Pokal und Champions League. In der europäischen Königsklasse lief es sehr gut für die Münchner. Die »Hammergruppe« mit Manchester United, dem FC Barcelona und Bröndby Kopenhagen meisterten die Münchner unter anderem dank eines 2:1-Auswärtserfolges im Camp Nou in Barcelona letztlich souverän. Nach der Vorrunde spielte ihnen auch die Auslosung in die Karten. Im Viertelfinale ging es zunächst gegen den 1. FC Kaiserslautern – eine klare Sache für den Ligaprimus (4:0, 2:0). Anschließend wartete Dynamo Kiew – die wesentlich stärker eingeschätzten Teams Juventus Turin und Manchester United trafen im zweiten Halbfinale aufeinander. Die Bayern zogen ins Finale ein.

Der Traum vom ersten Erfolg in diesem Wettbewerb seit 1976 lebte!

Hitzfeld galt stets als Kopfmensch, als einer, der seine Gegner genauestens analysiert, möglichst viel vorausberechnet und strategisch vorgeht, um das nächste Spiel zu gewinnen. Doch auch er weiß: Die Ratio kann nur die Grundlage von Entscheidungen sein. Ohne Bauchgefühl geht es nicht. »Man muss an sich selbst glauben und von dem überzeugt sein, was man macht. Ich habe mir bei sehr vielen Entscheidungen in meiner Karriere viel Zeit genommen, um zu überlegen.« Nicht selten habe er sich damit schwergetan, um schließlich auf die »Stimme des Bauches« zu hören. Als Beispiel nennt Hitzfeld sein »Rotationsprinzip«, mit dem er vor allem beim FC Bayern immer wieder aneckte. Gemeint ist damit, Ersatzspieler immer wieder in der Mannschaft einzusetzen, um sie bei Laune zu halten und ihnen Spielpraxis zu ermöglichen, und gleichzeitig den Stammspielern bei einem Mammutprogramm mit bis zum Teil weit über 60 Pflichtspielen pro Saison die nötigen Erholungspausen zu gönnen. Eine Kunst für sich! »Die richtigen Spieler auszutauschen, das braucht Zeit, das muss man fühlen«, sagt der Mann, der es wissen muss. Wichtig sei, das Gefühl dafür zu haben, wer gerade gut drauf ist, wer der Mannschaft gerade helfen kann und welche Spieler zusammenpassen. »Das ist wie ein Puzzle. Das sind schwierige Entscheidungen, die man nicht mit dem Kopf entscheiden kann, sondern nur nach Gefühl.« Tage und Nächte quälte sich Hitzfeld mit diesen Fragen herum. Aber wie immer bei ihm: War eine Entscheidung erst mal gefallen, war sie unverrückbar. »Das musste so sein. Wenn ich mich für etwas entschieden hatte, dann war ich total überzeugt. Ich habe mich quasi selbst programmiert, im Sinne von: Das ist jetzt die richtige Entscheidung, jetzt überlege ich nicht mehr. Sonst machst du dir das Leben nur selbst schwer.« Um sich selbst zu schützen, fällte Hitzfeld alle Entscheidungen, die die Aufstellung für ein Spiel betrafen, immer spätestens einen Tag vor einem Spiel. »Das habe ich so gemacht, damit ich wenigstens schlafen und mich am Spieltag voll aufs Wesentliche konzentrieren konnte. Am Spieltag, wenn man sowieso ein bisschen nervös und angespannt ist, noch solche Entscheidungen zu treffen, ist keine gute Idee.« Indem er von einer mal getroffenen Entscheidung nicht mehr abrückte, machte er sich zwar in gewisser Weise auch angreifbar. Dafür wahrte er vor seinen Spielern immer das Gesicht und musste sich nie nachsagen lassen, sein Wort gebrochen oder gar gelogen zu haben. »Wenn ich einem Spieler das schon gesagt hatte, dann spielte er, selbst wenn er im Abschlusstraining einen schlechten Eindruck gemacht hat. Lieber ein Spiel verlieren als das Gesicht!« Sein Credo, mit den Profis aufrichtig umzugehen und ihnen immer die Wahrheit zu sagen, stand für Hitzfeld über allem. »Wenn ich zur Mannschaft sage, wir müssen ehrlich sein, ein gesprochenes Wort gilt und wir müssen uns aufeinander verlassen können, dann kann ich nicht einbrechen, nur weil einer vielleicht im Abschlusstraining gut drauf ist und ein Supertor schießt. Ich habe ja immer noch die Möglichkeit, ihn einzuwechseln.«

Kopf und Bauch beider Trainer spielten auch am 26. Mai 1999 im Stadion Camp Nou in Barcelona eine Rolle. Die Münchner reisten ohne die verletzten Giovane Elber und Bixente Lizarazu zum Finale gegen Manchester United an. Rund 30 000 Fans begleiteten die Mannschaft nach Spanien. Hitzfeld stellte seine mutmaßlich beste Elf auf. Für Lizarazu und Elber spielten Michael Tarnat und Alexander Zickler. Nach sechs Minuten brachte Mario Basler die Bayern durch einen 18-Meter-Freistoß in Führung. Später in der Partie hätten Carsten Jancker und der eingewechselte Mehmet Scholl alles klarmachen können – doch sie trafen nur Latte und Pfosten. In der 81. Spielminute wechselte Hitzfeld Thorsten Fink für den angeschlagenen Lothar Matthäus ein – sein Gegenüber Alex Ferguson brachte zunächst Teddy Sheringham und später seinen »Superjoker« Ole Gunnar Solskjær, den sie in England »The baby-faced Assassin« nannten, den »Killer mit dem Babygesicht«. »Matthäus hatte zwei-, dreimal angezeigt, dass er raus will. Ich habe dann Thorsten Fink eingewechselt«, erinnert sich Hitzfeld genau an die folgenschwere Szene, die ihn noch jahrelang verfolgte. »Es war der obligatorische Wechsel, den wir auch in der Bundesliga immer so vollzogen hatten. Thomas Helmer wäre noch eine Alternative gewesen, aber das war nicht logisch, weil wir es nie erprobt hatten.« Als Schiedsrichter Luigi Collina drei Minuten Nachspielzeit anzeigte, dachten nahezu alle 98 000 Zuschauer im Stadion, dass die Partie gelaufen wäre. Angeblich verließ UEFA-Präsident Lennart Johansson zu diesem Zeitpunkt seinen Platz, um durch die Katakomben zur Siegerehrung zu gehen. Im festen Glauben, er werde gleich Bayern München den »Henkelpott« überreichen, erreichte er den Innenraum beim Stand von 2:1 für die Engländer. Zunächst hatte Sheringham in der 91. Minute zum 1:1 ausgeglichen. Zwei Minuten später traf Solskjær zum Siegtreffer für die »Red Devils«. Vorausgegangen war ein Querschläger von Fink, der den letzten Ball einfach nicht aus der Gefahrenzone brachte. Ausgerechnet die beiden Einwechselspieler von United! Ausgerechnet Fink! Hitzfelds bitteres Fazit: »Ich habe den Fehler gemacht und ihn eingewechselt. Dass wir nachher zwei Tore kassieren, darf einer Spitzenmannschaft aber nicht passieren. Wir müssen wenigstens in die Verlängerung kommen.« Alex Ferguson hatte mit seinen Wechseln alles richtig gemacht. Was für eine Tragik auf der einen und was für ein Jubel auf der anderen Seite!

Vor allem die Art und Weise, wie diese Niederlage von Barcelona zustande kam, war ein Schock für alle im Bayern-Tross. Viele sprechen von der »Mutter aller Niederlagen«, vergleichbar mit dem traumatischen WM-Finale von 1966 (Geoff Hursts Wembley-Tor!) oder dem »Schock von Maracanã«, der Niederlage Brasiliens im alles entscheidenden Spiel um den WM-Titel im eigenen Land gegen Uruguay am 16. Juli 1950. »Solange ich Fußball sehe, habe ich so etwas Grausames noch nicht erlebt«, befand Günter Netzer. In der Tat wird man nicht viel Vergleichbares im internationalen Fußball finden. Zwei Gegentore innerhalb von 102 Sekunden in der Nachspielzeit, die das Aus in einem Finale bedeuten, das man praktisch schon gewonnen hatte, und das ohne Chance auf Wiedergutmachung – brutaler kann es nicht kommen! Auf der Bayern-Bank waren bereits T-Shirts und Baseball-Caps mit der Aufschrift »Champions-League-Sieger 1999« verteilt worden. Alle dachten, das war's. »Das Shirt war noch nicht an – aber der Champagner war schon unterwegs. Ich war der Meinung, da passiert nichts mehr. Wir alle haben so gedacht. Wir hatten das Spiel ja absolut im Griff. Dann kam dieser ominöse Eckball, der wurde bestraft, und dann ging es unfassbar schnell«, so Mario Basler später in einem Interview mit dem Münchner Merkur. Nach dem Schlusspfiff boten die Bayern-Profis ein Bild des Jammers. Einige wie Samuel Kuffour oder Oliver Kahn kauerten weinend oder einfach ungläubig dreinblickend auf dem Spielfeld oder am Torpfosten. Andere verbargen ihre Köpfe zwischen den Armen, als wollten sie am liebsten auf der Stelle im Rasen des Camp Nou versinken. »Ich wünschte, ich hätte heulen können. Aber es war viel schlimmer. Durch Weinen wäre es ja möglich gewesen, die Enttäuschung über die Niederlage zu verarbeiten. Stattdessen war ich wie gelähmt. Ein geistiger und körperlicher Zusammenbruch«, sagte Oliver Kahn später. Ganz anders Ottmar Hitzfeld. Der Trainer, dessen Auswechslung mit zur Niederlage beigetragen hatte, genehmigte sich keine noch so menschliche Gefühlsregung. Scheinbar gefasst, mit unerbittlicher, geradezu militärischer Selbstbeherrschung gratulierte er erst Alex Ferguson zum Sieg, um dann über den Platz zu laufen und seine Spieler nach und nach zu trösten, sie einzusammeln und für das Unvermeidliche zu instruieren. »Es gehört zum Business, dass man fair ist und gratuliert. Ich habe großen Respekt vor jedem Trainer und weiß auch, wie nah Sieg oder Niederlage beieinander liegen können«, erklärt Hitzfeld. Ihm war wichtig, als fairer Verlierer aus diesem Albtraum hervorzugehen. Auch deshalb suchte er keine Ausflüchte, schob die Niederlage weder auf die möglicherweise zu großzügig bemessene Nachspielzeit noch auf einzelne Spieler, die mit ihren individuellen Fehlern das 1:0 verspielt hatten, sondern redete sie stark: »Ich bin stolz auf meine Spieler. Der FC Bayern hat heute ein großes Finale gespielt«, sagte er in die TV-Kameras. Hitzfeld, der im Vorfeld gedanklich immer alle möglichen Szenarien für sich durchspielte, um auf diese Weise schneller reagieren zu können, schaltete an diesem bitteren Abend ganz schnell um. Ihm war klar: Auf keinen Fall durften seine Spieler angesichts des gerade erlebten Schocks Unbedachtes tun oder sagen. Der Blick musste möglichst schnell nach vorne gehen, auf die anstehenden Aufgaben und vielleicht auf eine baldige Chance zur Rehabilitation. Die ersten Minuten nach dem Schlusspfiff seien die wichtigsten für die Mannschaft gewesen, glaubt er heute noch. Deshalb habe er die Spieler sofort auf unbedingten Zusammenhalt eingeschworen und sie zur Siegerehrung begleitet, wo sie für den siegreichen Gegner Spalier stehen mussten. »Als Trainer darfst du in so einem Moment nichts hinausschieben, sondern musst sofort handeln! Die Mannschaft hätte auseinanderfallen können. Wenn die ersten Interviews kommen, ist es schon zu spät. Du musst der Mannschaft direkt klarmachen, was jetzt auf dem Spiel steht.« Bevor einzelne Spieler vor die Mikrofone traten, richtete Hitzfeld eindringliche Worte an seine Spieler. Er sprach ihnen Mut zu und hielt sie zu größtmöglicher Disziplin an: »Wenn man da Fehler macht, kann es das Ende bedeuten, weil Unruhe in die Mannschaft kommt. Es war eine ganz gefährliche Situation, weil natürlich jeder unzufrieden war.« Es ging darum zusammenzuhalten, sich nicht von Journalistenfragen locken zu lassen, sondern nach vorne zu blicken, dem Gegner zu gratulieren und den Zusammenhalt zu fördern. »Das meine ich mit Handeln. Das sind entscheidende Momente im Trainerdasein.« In jener Nacht die richtigen Worte zu finden, als Mahner und Mutmacher aufzutreten, sei eminent wichtig gewesen, auch für die Zukunft. »Ich habe gesagt, wir dürfen uns nicht bemitleiden. Wir haben Fehler gemacht, aber auch bewiesen, dass wir stark sind.« Wichtig war ihm, dass keine öffentlichen Vorwürfe gegen Einzelne laut oder Spieler in die Pfanne gehauen würden, »dass ich nichts lesen will in den nächsten Wochen«. »Ich habe appelliert: Wir können uns jetzt als Team bewähren. Dann werden wir in den nächsten Jahren wieder ein Finale erreichen, denn wir können es. Wir haben diese Fähigkeiten.«

Wie viel Kraft es Ottmar Hitzfeld gekostet haben muss, wieder mal die eigenen Gefühle zu unterdrücken und stattdessen als Psychologe und Antreiber voranzugehen, kann vielleicht nur jemand wirklich beurteilen, der wie Michael Henke über Jahre sehr eng mit ihm verbunden war und der ihn gut kennt. Für ihn war das Finale gegen Manchester sogar der emotionalste Moment in der insgesamt mehr als zehn Jahre dauernden Zusammenarbeit: »Diese Niederlage hat uns auch zusammengeschweißt. Danach haben wir beschlossen: Wir greifen noch mal an.« Die Souveränität und nach außen zur Schau getragene Kontrolliertheit seines Chefs nötigt Henke noch immer Bewunderung ab. »Er war mit Sicherheit angeknockt. Aber auch in der Situation war er total kontrolliert. Das ist schon wahnsinnig.« Klar habe er angeschlagen gewirkt und hinterher in der Kabine »das Feld anderen, wie Franz Beckenbauer, überlassen«. Außenstehende hätten ihm aber nichts angemerkt. Mit Respekt und Hochachtung lässt Henke im Gespräch die Geschehnisse jenes 26. Mai 1999 Revue passieren. Hitzfeld, so weiß er, sei in Wirklichkeit »viel emotionaler« gewesen, als er das oft gezeigt habe und es für die Leute wahrnehmbar gewesen sei. Unter vier Augen habe Hitzfeld schon mal »ein Stück weit seine private Seele preisgegeben«. Grundsätzlich sei dieser aber kein Mensch, der sich leicht öffne und seine Gefühle nach außen trage: »Das war sicher auch eine gewisse äußere Schale, diese ›Kontrolle in allen Lebenslagen‹ nach außen zu zeigen. Es war seine Maxime, dass man sowohl in guten wie in schlechten Phasen die Kontrolle nicht verlieren durfte gegenüber der Mannschaft. Für ihn und seine Position war das immer das Entscheidende.«

Tatsächlich ging alles so auf, wie Hitzfeld es sich erhofft hatte. Erst viel später äußerten Stefan Effenberg und Mehmet Scholl öffentliche Kritik an Lothar Matthäus, der sich in Barcelona kurz vor Schluss hatte auswechseln lassen. Ihr Vorwurf: Nicht zum ersten Mal habe der deutsche Rekord-Nationalspieler in einem entscheidenden Moment »den Schwanz eingezogen«. Unmittelbar nach dem Finale blieb es im Umfeld ruhig. Nach der obligatorischen Bankettrede von Franz Beckenbauer (»Heute hat uns die ganze Grausamkeit getroffen. (...) es ist und bleibt ein Spiel. Wir haben keinen Krieg verloren, wir haben nicht das Leben verloren.«) zogen sich einige Spieler in ihre Zimmer zurück, um alleine oder in Gruppen das Geschehene zu verarbeiten. Andere lenkten sich ab, indem sie die Nacht zum Tage machten und »feierten«. Die erste Nagelprobe, ob Hitzfelds »Aufbaukur« wirklich angeschlagen hatte, stand bereits drei Tage später im Bundesligaspiel bei Bayer Leverkusen an. Die Bayern standen zu diesem Zeitpunkt längst als Meister fest. Sie hätten die Partie abschenken können. Vermutlich hätten die Fans sogar Verständnis gehabt, wenn die Mannschaft sich nach dem Erlebnis von Barcelona hätte gehen lassen. Doch für Hitzfeld kam das nicht in Frage. »Mir war wichtig, dass wir gleich wieder ein Zeichen setzen, uns als Team präsentieren, eine Reaktion zeigen und das nächste Spiel gewinnen. Und wir haben gewonnen. Das war für mich ein ganz wichtiges Spiel.« So ging Hitzfelds erste Saison beim FC Bayern mit »nur« einem Titel zu Ende, denn das DFB-Pokalendspiel in Berlin verlor seine Mannschaft hinterher mit 4:5 nach Elfmeterschießen gegen Bremen. Aber das war kein Drama. Viel wichtiger war, dass ein auch international wettbewerbsfähiges Team auf dem Platz stand und endlich wieder ein Trainer da war, der den Laden im Griff hatte. »FC Hollywood«? Diese Phase schien überwunden zu sein.

Nicht nur für die Klubhistorie des FC Bayern München war das Finale gegen Manchester ein tiefer Einschnitt und Wendepunkt. Auch in der Trainerlaufbahn von Ottmar Hitzfeld. Sportlich markiert das 1:2 von Barcelona, so komisch es klingen mag, den Start in eine erfolgreiche Ära, die in den folgenden Jahren von Spielern wie Kahn, Lizarazu, Effenberg oder Elber geprägt wurde. Für den Erfolgscoach, der sich zu diesem Zeitpunkt schon einmal »Weltclubtrainer des Jahres« und viermal »Deutschlands Trainer des Jahres« nennen durfte, war es leider auch der langsame Beginn einer sich schleichend immer weiter fortentwickelnden Krankheit, die Jahre später als »Burn-out-Syndrom« diagnostiziert werden sollte. Schon die Spielzeit 1999/2000 forderte Ottmar Hitzfeld in jeglicher Hinsicht wieder maximal. Da sich der vorhandene Kader als äußerst tief und stark erwiesen hatte, wurde die Mannschaft diesmal nur punktuell verstärkt. Für Thomas Helmer, der nach England zum FC Sunderland wechselte, stieß Gladbachs Patrik Andersson zum Team. Für die Offensive kamen mit Stürmer Roque Santa Cruz und dem Brasilianer Paulo Sergio, der für 15 Millionen Mark vom AS Rom verpflichtet wurde, zwei weitere Profis dazu. Anders als in der Vorsaison musste sich Hitzfeld bereits während der Hinrunde mit Problemen herumschlagen, die nichts mit Fußball zu tun hatten. Vor allem Mario Basler, im Mai in Barcelona noch Torschütze, schoss mehrmals quer. Offenbar unzufrieden darüber, dass ihm mit Paulo Sergio erstens ein neuer Konkurrent vor die Nase gesetzt worden war und er zweitens noch kein neues Vertragsangebot vorgelegt bekommen hatte, leistete er sich den einen oder anderen Fehltritt. Schon unter Giovanni Trapattoni war er für seine zu harsche Kritik an der Taktik und wegen eines Besuchs in einem Spielcasino in der Nacht vor einem Spiel mit Geldstrafen belegt worden. Diesmal ließ er sich zweimal – unmittelbar vor einem Bundesligaspiel und einmal, als er offiziell krankgeschrieben war – spät nachts in einer Münchner Diskothek erwischen. Schließlich zettelten er und Ersatztorwart Sven Scheuer in einer Pizzeria in Donaustauf bei Regensburg, wo sie sich zur Reha aufhielten, eine Schlägerei an. Das war zu viel. Die Bayern suspendierten die beiden Profis und legten ihnen nahe, sich umgehend einen neuen Verein zu suchen. Da war er wieder, der »FC Hollywood«. Hitzfeld konnte diese Entwicklung natürlich nicht gefallen. Er schaffte es aber wieder, die Sache so zu moderieren, dass den verbliebenen Spielern klar war: Es wird durchgegriffen.

»Ihm war wichtig, dass die Mannschaft nie den Respekt vor ihm verlor«, sagt Michael Henke. »Dazu gehörte eben auch, dass man Spieler bestrafte, wenn etwas nicht so gelaufen war, wie es sollte. Dann hat er sich die Jungs geschnappt, einzeln oder in der Gruppe, und konnte hart sein.« Hitzfeld ging dabei in aller Regel so vor, dass er intern durchgriff, nach außen aber Verständnis für den Spieler zeigte. Er wusste ja nicht, ob er ihn noch einmal brauchen würde. Außerdem wollte er – ganz im Sinne des Vereins – den Marktwert eines möglicherweise abwanderungswilligen Profis nicht drücken. Aus der italienischen Serie A hatte sich Hitzfeld die Sanktionierung mit Geldstrafen abgeschaut, die in der Bundesliga zu der Zeit noch unüblich war. Für ihn war das die beste Methode. »So eine Bestrafung muss wehtun, wenn sie Wirkung haben soll. Und für Profis ist es einfach so: Wenn es an den Geldbeutel geht, da sind sie empfindlich. Das hat Ottmar zusammen mit dem Verein konsequent angewandt«, erinnert sich Henke. Hitzfelds Überlegung war: Wenn du jemanden suspendierst oder auf die Tribüne setzt, »schwächst du dich ja nur selbst«. Deshalb die Geldstrafen: »Das war das Einfachste, und ich fand's gerecht. Das Geld wurde gespendet. Und die Mannschaft wusste, der Trainer greift durch.« Den Spielern zeigte er immer sachlich und in einem ruhigen Ton die Konsequenzen ihres Handelns für die Mannschaft und den Verein auf. »Er hat immer alles sachlich begründet«, so Henke. »Die entsprechende Strafe wurde aber auch immer vor der ganzen Mannschaft bekanntgegeben. Und zwar deshalb, damit es nicht nur eine erzieherische Wirkung auf den einen Spieler, sondern auf die gesamte Mannschaft hatte. Ottmar ging es nicht darum, nach außen irgendwelche Zeichen zu setzen, sondern um den sportlichen Erfolg. Wenn er den gefährdet sah, dann hat er hart sanktioniert.« Ein Zwischenfall ist Henke ganz besonders in Erinnerung geblieben, der exemplarisch zeigt, wie souverän und mit welch ruhiger Hand Hitzfeld Konflikte gelöst und Spieler sanktioniert hat. Im Training gerieten bei einem Aufwärmspielchen Lothar Matthäus und Bixente Lizarazu aneinander, wobei der Franzose seinem Kollegen eine Ohrfeige verpasste. »Das war eine krasse Situation. Ottmar hat sich die beiden geschnappt und ist mit den beiden Streithähnen direkt in die Kabine gegangen. Drinnen hat er lange mit ihnen diskutiert und die Sache aus der Welt geschafft. Für mich ein typisches Beispiel dafür, wie Ottmar so etwas intelligent regelte. Das schaffen andere Trainer nicht.« Hitzfeld selbst schildert den Zwischenfall so: »Bei Bayern wird ja alles gefilmt, überall sind Kameras, deshalb bin ich mit ihnen in die Kabine. Ich habe Liza gefragt, warum er Lothar geschlagen hat. Dann habe ich gesagt, ich habe Verständnis für dich, aber das geht trotzdem nicht. Du kannst nicht einen Spieler ohrfeigen, du musst dich entschuldigen. Eher gehen wir nicht raus. Das hat er dann gemacht.« Und auch hier war für Hitzfeld die angemessene Konsequenz eine Geldstrafe: »Ich wollte Lizarazu eigentlich zuerst im nächsten Spiel draußen lassen. Aber wenn man jemanden ganz weglässt, dann schwächt man die Mannschaft. Also habe ich mich für eine Geldstrafe entschieden. Und damit war der Fall für mich erledigt.« Matthäus habe die Entschuldigung angenommen und sich dann auch gleich wieder für Liza stark gemacht: »Wir brauchen ihn, er muss spielen nächsten Samstag.« Alles richtig gemacht also. Lange wollte sich Hitzfeld mit solchen »Nebenkriegsschauplätzen«, wie er sie nennt, tunlichst nicht aufhalten. Und auch persönlich, so versichert er, blieb nie etwas hängen zwischen ihm und sanktionierten Profis. »Mir war einfach wichtig, dass wir wieder zur Tagesordnung übergehen und das nächste Ziel anvisieren konnten. Wenn so etwas drei, vier Tage schwelt, schreibt die Presse darüber und es kommt Unruhe auf. Wegen so etwas kannst du das nächste Spiel verlieren und vielleicht die Meisterschaft verspielen.«

Nachdem die Akte Mario Basler beim FC Bayern geschlossen worden war, entwickelte sich die Saison positiv. Nach holprigem Start übernahmen die Münchner noch im Laufe der Hinrunde die Tabellenführung. Auch im DFB-Pokal und in der Champions League lief es. In der Königsklasse bezwangen die Bayern in der Gruppenphase gleich zweimal den späteren Titelträger Real Madrid (4:2, 4:1) und wiesen somit nach, dass sie das verlorene Finale gegen Manchester abgehakt und emotional überstanden hatten. Zwar war später im Halbfinale gegen denselben Gegner Schluss (0:2, 2:1). Dafür sprang national Hitzfelds erster DFB-Pokalsieg (3:0 im Finale gegen Werder Bremen) und unter der gütigen Mithilfe der SpVgg Unterhaching sogar noch das »Double« heraus. Vor dem letzten Bundesligaspieltag schien Bayer Leverkusen die Schale nicht mehr zu nehmen zu sein. Doch das Team um den bedauernswerten Eigentorschützen Michael Ballack verspielte den Vorsprung durch ein 0:2 im Hachinger Sportpark. Der FCB dagegen erfüllte seine Pflichtaufgabe, schlug Bremen zuhause mit 3:1 und durfte die sechzehnte Deutsche Meisterschaft feiern. Seine zweite Meisterschaft mit dem FC Bayern war auch für Hitzfeld Anlass, ausgelassener als sonst zu feiern. Allerdings nicht lange. Schon am Tag nach dem Triumph richtete er seinen Blick nach vorne. Erfolg abgehakt. Neue Spielzeit, neue Ziele!

So deutlich wie nie zuvor formulierte der Rekordmeister das »Triple« als Ziel. Selbst der sonst in solchen Fragen eher vorsichtige Trainer stimmte in diesen Chor mit ein. Die große Sehnsucht nach dem Champions-League-Triumph war allenthalben zu spüren. Trainer und Spieler waren sich einig, man sei nun endlich »reif« für den wichtigsten europäischen Titel im Vereinsfußball. »Es steckte immer in mir drin, meine Träume zu verwirklichen und Unmögliches zu erreichen«, sagte Hitzfeld einmal. Dabei entwickelte er eine Mentalität, die sich immer auch auf seine Mannschaften übertrug. »Du lebst auf Siege und Titel hin, tust alles, was du beeinflussen kannst, und am Schluss wirst du belohnt.« Ein Spieler, der dies wie kein anderer verkörperte, war Oliver Kahn. Der Schlussmann, der u. a. mit acht Meistertiteln und sechs Pokalsiegen zu den erfolgreichsten deutschen Fußballern aller Zeiten gehört, ging immer voran. In der erfolgreichen Spielzeit 2000/01 war der gebürtige Karlsruher mit seinem Willen und seiner Einstellung, nie aufzugeben, einer der Erfolgsgaranten. Dabei ging es gar nicht gut los. Die nach den Abgängen von Lothar Matthäus und Markus Babbel mit Willy Sagnol und Ciriaco Sforza erneut nur positionsgetreu ergänzte Bayern-Mannschaft blamierte sich in der zweiten Hauptrunde des DFB-Pokals bei Viertligist 1. FC Magdeburg bis auf die Knochen. Das 3:5 nach Elfmeterschießen sorgte für harsche, ja bitterböse Kritik im Boulevard. Doch während sich die Zeitungen an Hitzfelds Rotationsprinzip abarbeiteten und ihn als »Gamblerkönig« bezeichneten, der sich gerade »verzockt hatte«, behielt er die wichtigeren Ziele fest im Blick. Im März 2001 gab es aber schon das nächste »Beben«. Nach einem schwachen, uninspirierten Auftritt in der Champions League bei Olympique Lyon (0:3) brannte in München, wie man so schön sagt, der Baum. Die Vereinsführung sah alle Ziele, vor allem den bedeutenden internationalen Titel, in akuter Gefahr, was Präsident Franz Beckenbauer zu seiner berühmten Bankettrede bewog.

»Die Frage ist immer, wie man ein Spiel verliert. Das war heute eine Blamage. So, wie wir gespielt haben, das hat nichts mit Fußball zu tun. Das ist eine andere Sportart, die wir spielen. Wir haben zugeschaut, wir haben körperlos gespielt. Das ist nicht Fußball, das ist Uwe-Seeler-Traditionsmannschaft, Altherrenfußball! Tut mir leid, wenn ich das so sagen muss. Es ist so. Es hat von der Tribüne aus vermutlich noch schlimmer ausgesehen, als ihr es unten auf dem Platz mitbekommen habt. Das hat nichts mit Fußball zu tun! Wir sind sicherlich in einer Situation, wo wir noch einiges retten können. Nur, ihr müsst euer Spiel komplett umstellen. Es ist fünf Minuten vor zwölf! Anschauungsunterricht war der heutige Gegner. Das ist Olympique Lyon, das ist nicht Real Madrid, FC Barcelona oder Manchester United – und wir haben heute eine Vorführung bekommen. Warum? Weil die Einstellung nicht gestimmt hat. Weil wir zurzeit einen Fußball spielen, der einfach nicht mehr adäquat ist. Den hat man vielleicht vor 30 Jahren gespielt. Ihr müsst euch schleunigst wieder an das Einmaleins des Fußballs gewöhnen: Zweikämpfe. Wenn die Zweikämpfe nicht angenommen werden, bist du immer zweiter Sieger. Auch gegen eine Mannschaft wie heute, die sicherlich eine gute ist, aber nicht zu den besten gehört. Da schaust

du aus wie ein Lehrbub, und zum Schluss kannst noch froh sein und sagen: ›Vielen Dank, dass wir nur 3:0 verloren haben.‹ In Zukunft könnt ihr das nicht machen, sonst müssen wir uns alle einen anderen Beruf suchen! Man kann das noch korrigieren. Aber dann müsst ihr morgen anfangen. An die Leistungsgrenze gehen, den inneren Schweinehund überwinden. Sonst stehen wir am Saisonende mit leeren Händen da! Das ist genau das, was wir nicht wollen. Tut mir leid, wenn ich das so schonungslos sagen muss. Wenn einer Nachhilfeunterricht braucht, dann werde ich ihm noch etwas ganz anderes sagen. Ich habe sicherlich noch mehr gesehen, als ich gesagt habe. Aber ich glaube, das genügt. Es war eigentlich bis auf das Spiel ein schöner Ausflug.«

Das saß. So eine Rede vor versammelter Mannschaft, den wichtigsten Sponsoren und der internationalen Presse lässt niemanden unberührt. Auch Hitzfeld nicht, der sich die Standpauke unmittelbar an der Seite Beckenbauers mit anhören musste. Zu einer öffentlichen Reaktion oder gar einer Retourkutsche ließ er sich aber nicht hinreißen. Es wäre nicht sein Stil gewesen. »Wenn die Weltmeister wie Franz in Lyon mal etwas gesagt haben, dann musste man das nicht kommentieren«, so Hitzfeld. »Da muss man mit der Mannschaft reden, das ist mein Revier.« Nach Lyon sorgte er deshalb gleich dafür, dass niemand seiner Spieler Beckenbauers Worte kommentierte. »Sonst hast du gleich Zirkus. Und am Ende trifft's den Trainer, weil es heißt, dass er die Mannschaft nicht mehr im Griff hat. Da muss man vorbeugen, das ist ganz entscheidend.« Ottmar, so Michael Henke, »war nicht beleidigt, sondern er hat auch da immer auf das Gesamtgebilde geschaut. Und da war es eben so, dass er eher damit zu tun hatte, Leute wie Effenberg zu beruhigen, die fast explodiert wären und zurückschlagen wollten. Denen hat er klargemacht: Leute, es ist nur zu unser aller Nachteil, wenn wir zurückschlagen. Lasst uns die Reaktion auf dem Platz zeigen.« Hitzfeld verstand sehr wohl, dass sich Effenberg oder auch Kahn angegriffen fühlten und das nicht auf sich sitzen lassen wollten. Seine vordringlichste Aufgabe sah die Respektsperson Hitzfeld mit all ihrer Erfahrung darin, keine Unruhe entstehen zu lassen und den hochbezahlten Spielern klarzumachen, dass sie auch mal mit schärferer Kritik leben müssten. Dafür verdienten sie viel Geld. »Denen habe ich gesagt: ›Wenn du dich gegen die Vereinsführung auflehnst, kannst du gleich gehen. Den Kampf kannst du nicht gewinnen.‹ Wenn man den Spielern das klarmacht, dann gibt's auch keine Probleme.« Hitzfeld nennt das die »menschliche Komponente« in seinem Job. So schaffte er es, den Frust der Spieler in die richtigen Bahnen zu lenken und die Kahns und Effenbergs wieder in die Spur zu bringen. Ab sofort wurde alles dem ultimativen Ziel – also Meisterschaft und Champions-League-Sieg – untergeordnet.

Es ist müßig, darüber zu diskutieren, ob es Beckenbauers Brandrede war, die die Bayern-Elf in der Folge zu absoluten Höchstleistungen trieb. Fakt ist: In der Königsklasse schalteten die Münchner nacheinander Manchester United und dann Titelverteidiger Real Madrid aus und erreichten zwei Jahre nach Barcelona wieder das Finale. In der Liga kam es – wie schon im Jahr zuvor – zum »Showdown«

am letzten Spieltag. Der Gegner im Fernduell um die Meisterschaft hieß diesmal aber nicht Leverkusen, sondern Schalke. Ein unvergessenes Saisonfinale! Mit drei Punkten Vorsprung auf die Königsblauen ging es ins letzte Spiel. Ein Unentschieden beim Hamburger SV hätte den Bayern an diesem Tag schon gereicht. Als Unterhaching in Gelsenkirchen sogar mit 2:0 in Führung ging, schien die Meisterschaft entschieden zu sein. Doch Schalke drehte die Partie und gewann noch mit 5:3. In Hamburg überschlugen sich derweil die Ereignisse: Sergej Barbarez brachte den HSV in Führung. Bayern lag hinten, die Blitztabelle wies plötzlich Schalke als Tabellenersten und damit als neuen Deutschen Meister aus. Als das Spiel auf Schalke abgepfiffen wurde, lief in Hamburg die Nachspielzeit. Ottmar Hitzfeld erinnert sich: »Als wir in der 90. Minute das 0:1 kassierten, dachte ich: Jetzt wird es ganz schwer, die Champions League zu gewinnen. Ich dachte nicht an die Meisterschaft, die wir vielleicht gerade verlieren!« Einen kurzen Moment hatte Hitzfeld diesen Gedanken, dann schwenkte er sofort wieder um. »Da gibt's dann nur eins: Wieder nach vorne schauen, die eigene Mannschaft wieder antreiben. Wir haben noch ein paar Minuten, wir schaffen's noch.« Genau das dachte wohl auch Olli Kahn, der seine Mitspieler wie in Trance nach vorne peitschte: »Weiter, immer weiter!« Kahn, das Mentalitätsmonster. »Der Olli hat alle verrückt gemacht. Ein absoluter Gewinnertyp«, so Hitzfeld, der, wie die 55 280 Zuschauer in Hamburg und die 65 000 im Gelsenkirchener Parkstadion auf der Videowand, noch eine allerletzte Chance für die Bayern sieht. Denn Schiedsrichter Markus Merk entscheidet auf Freistoß für die Münchner, halblinks, rund 18 Meter vor dem Tor. Alle HSV-Spieler versammeln sich im eigenen Strafraum. Wer nicht in der Mauer steht, bewacht irgendwie das Tor. Der Ball wird kurz angetippt, Patrik Andersson schießt … und trifft! 1:1, Schlusspfiff – der FC Bayern München ist zum 17. Mal Deutscher Meister. Blankes Entsetzen auf Schalke, irrsinnige Jubelszenen in Hamburg. Kahn rennt in völliger Ekstase zur Eckfahne, die er regelrecht malträtiert, auch Hitzfeld stürmt aufs Spielfeld. »Ich bin explodiert. Ich glaube, das war vielleicht der emotionalste Moment meiner ganzen Karriere. Der goldene Schuss von Patrik Andersson bedeutete ja nicht nur die Meisterschaft, sondern war auch für mich und die Mannschaft sehr wichtig. Das beste Doping für die Champions League!«

Das Adrenalin und die in Hamburg ausgestoßenen Glückshormone hätten sicherlich schon ausgereicht, um wenige Tage später voller Selbstvertrauen und im Glauben an den Sieg ins Champions-League-Finale von Mailand zu gehen. Das psychologische Moment nutzte Hitzfeld aber natürlich, um seinen Spielern klarzumachen, was sie in der Partie gegen den FC Valencia erreichen konnten. »Ich habe der Mannschaft gesagt, wir haben bewiesen, dass wir auch in letzter Sekunde ein Spiel noch drehen können. Zwei Jahre zuvor hatten wir in letzter Sekunde verloren, diesmal war mir klar, konnten wir auch spät, zur Not auch im Elfmeterschießen siegen. Man kann das Glück erzwingen, wenn man den Glauben nicht verliert.« Alles, worauf das Duo Hitzfeld/Henke zwei Jahre lang hingearbeitet hatte, stand in San Siro auf dem Spiel. Hopp oder top – der große Triumph oder das neuerliche Scheitern im wichtigsten Spiel des Jahres, wobei Letzteres womöglich das Auseinanderfallen der Mannschaft und einen radikalen Neuanfang beim deutschen Rekordmeister zur Folge gehabt hätte. Die Befürchtung, die Mannschaft könnte nach der glücklich gewonnenen Meisterschaft überheblich oder zu euphorisch in die Partie im Giuseppe-Meazza-Stadion gehen, erwies sich als grundlos. Am Abend des 23. Mai 2001 stand eine hochkonzentrierte Bayern-Elf auf dem Rasen, die auch der frühe Rückstand durch einen Handelfmeter in der 3. Spielminute und ein verschossener Foulelfmeter von Mehmet Scholl (7.) nicht aus der Bahn werfen konnte. Geduldig warteten die Münchner auf ihre Chance. Und die kam in der 50. Minute: Erneut Elfmeter für die Bayern – diesmal lief Kapitän Stefan Effenberg an und besorgte den 1:1-Ausgleich. Dann Verlängerung und schließlich Elfmeterschießen. Stefan Effenberg würde später sagen: »Die Niederlage im Finale in Barcelona hat die Truppe zusammengeschweißt – und auch das Selbstbewusstsein vieler Spieler gestärkt. Ich weiß nicht, ob Leute wie Zickler oder Linke im Elfmeterschießen im Finale 2001 angetreten wären – und getroffen hätten –, wenn sie die Erfahrung von 1999 nicht gemacht hätten.« Dazu Oliver Kahn, damals unangefochten der beste Torhüter der Welt, aber nicht gerade als »Elfmetertöter« bekannt: Der Semmelblonde zwischen den Pfosten hielt gleich drei Strafstöße der Spanier – das war's! Erstmals seit 1976, als die Bayern in Glasgow gegen AS St. Etienne erfolgreich waren, stemmten sie den Henkelpott in die Höhe. Der FC Bayern München unter Ottmar Hitzfeld war endlich wieder da, wo er dem eigenen Anspruch nach hingehörte: an der Spitze. Die beste Mannschaft Europas, ja der Welt – denn auch das Weltpokalfinale sollten die Münchner einige Monate später gegen die Boca Juniors aus Argentinien gewinnen. Ob es der größte, emotionalste Sieg seiner Karriere war? Hitzfeld zögert bei der Frage: Natürlich hätten ihm die Champions-League-Siege neue Möglichkeiten eröffnet. Aber: »Alle großen Siege und Niederlagen bleiben haften. Das sind alles große Emotionen und Momente, alle in einem ähnlichen Maß. Ob du mit Zug Meister oder mit Aarau Pokalsieger wirst, die Champions League oder den Weltpokal gewinnst.«

Nur wenige Trainer haben es bisher überhaupt geschafft, mit zwei Mannschaften den wichtigsten Vereinspokal in Europa zu gewinnen. Bis heute (Stand 2019) ist Hitzfeld der einzige, dem dieses Kunststück mit zwei deutschen Klubs gelang. »Erst mit Dortmund und dann mit den Bayern die Champions League zu gewinnen, ist etwas Besonderes. Denn dort hat man nicht die Möglichkeiten wie bei den Großklubs im Ausland, die schon immer mehr Geld hatten. Real Madrid, jetzt die englischen Klubs oder Paris Saint Germain, da ist die Wahrscheinlichkeit deutlich größer, dass du solche Erfolge feierst.« Natürlich stellte sich nach dem Triumph eine Frage: Was kann jetzt noch kommen?! Michael Henke erinnert sich, was Hitzfeld ihm in der Situation ins Stammbuch schrieb: »Ottmar hat die Situation toll analysiert. Er hat zu mir gesagt, wir müssen immer wissen, das ist hier ein ›Haifischbecken‹. Die Beckenbauers,

Hoeneß usw. sind erfolgreich, aber eben auch Machtmenschen, die sich ihrer Bedeutung und ihrer Macht auch bewusst sind. Da darf man sich nie zurücklehnen. Stattdessen müssen wir immer hellwach sein und dürfen nicht leichtsinnig und leichtfertig werden – auch nicht nach dem Gewinn der Champions League.« Bei Bayern, weiß Henke, »nutzte dir ein Titel, den du vor vier Wochen gewonnen hast, gar nichts mehr. Der war abgehakt und gut dotiert worden. Damit war es aber auch gut. Und dann ging's weiter.«

Ottmar Hitzfeld war sich also voll bewusst, dass am 1. Juli 2001, wenn seine vierte Spielzeit bei den Bayern anbrechen würde, alles wieder bei null beginnen würde. Jeder, der im Fußballgeschäft ist, kennt das: Ein Aufstieg, ein hart erkämpfter Klassenerhalt, aber eben auch eine Meisterschaft zählt nicht allzu lange, wenn hinterher der Erfolg ausbleibt. Wenn die Erwartungen danach nicht erfüllt werden, geht es ganz schnell in die andere Richtung. Hitzfeld empfand dies zunehmend als »Existenzkampf«, wie er der Sport Bild seinerzeit verriet. Der Erfolg mache nie zufrieden, sondern verlange nur den nächsten Erfolg. Er glaubt: »Dann wird es erst gefährlich. Als Trainer muss man sich in jedem Spiel neu beweisen. Immer wieder neu. Gewinnen und das Gewonnene wiederholen.« Noch einmal in diese Mühle zurückzukehren, erschien Hitzfeld im Sommer 2001 nicht erstrebenswert. Deshalb suchte er das Gespräch mit Uli Hoeneß. Der Manager aber erteilte dem Wunsch Hitzfelds, nach dem größten Erfolg des Klubs seit 25 Jahren aufzuhören, eine Absage. In seiner Biographie schildert Hitzfeld, dass es ihm nicht darum gegangen sei, möglichst gut dazustehen als jemand, der auf dem Höhepunkt aufhört. Vielmehr habe er gehen wollen, »weil ich in Zukunft fast nur noch verlieren konnte, (…), ich spürte in den Tagen und Wochen nach Mailand einen unwahrscheinlichen Substanzverlust, schon der Krimi in Hamburg kostete mich viel Kraft, ich wollte den Erfolg des Vereins nicht aufs Spiel setzen«. Den angesprochenen Substanzverlust hatte Hitzfeld zum ersten Mal in seiner Dortmunder Zeit gespürt. Wie vier Jahre zuvor gestand er ihn sich aber erst ein, als er seinem Klub den maximalen Erfolg gesichert hatte. Das verlorene Finale von Barcelona markierte mit Sicherheit den Beginn einer zwei Jahre andauernden Phase, in der Hitzfeld auch noch das Letzte aus sich herausholte, sich kaum eine Pause gönnte, sondern alles dem zu erreichenden Ziel unterordnete. Tag und Nacht, so schildert er es, habe er sich nur mit Fußball beschäftigt und dabei auch seine Familie vernachlässigt. Neben seiner ureigenen Aufgabe als Trainer musste er zudem immer aufpassen, nicht zum Spielball der Führungsriege zu werden. Zum Duo Beckenbauer/Hoeneß, zu dem Hitzfeld ein alles in allem vertrauensvolles Verhältnis aufgebaut hatte, gesellte sich Anfang 2002 auch noch Karl-Heinz Rummenigge. Der bisherige Vizepräsident wurde nach der Umwandlung der FCB-Fußballabteilung in eine Aktiengesellschaft zum Vorstandsvorsitzenden ernannt. Und auch wenn er dessen Profilierungsdrang erst in seiner zweiten Bayern-Amtszeit so richtig zu spüren bekommen sollte, ahnte Hitzfeld wohl schon, dass drei »Alphatiere« an der Spitze des Vereins noch anstrengender sein würden als zwei. Weil Hitzfeld auch nie der Typ war, der wie viele seiner extrovertierten Kollegen ein Ventil für seine aufgestauten Emotionen fand und seine Anspannung einfach rauslassen konnte, indem er gestenreich jubelte, auf Gegner oder das Schiedsrichtergespann losging oder sich anderweitig exponierte, war eine körperliche und psychische Erschöpfung zwar nicht zwangsläufig, aber eine logische Folge. Die Fähigkeit, Probleme und Kritik einfach auszusitzen oder zu ignorieren, ist ebenfalls nicht Hitzfelds Sache. Erst wenn eine Lösung gefunden, eine Geschichte abgehakt war, konnte er wieder ruhig schlafen. Hoeneß' kategorisches »Nein« zu seinem Wunsch, bei den Bayern aufzuhören, empfand er letztlich als Wertschätzung und – was blieb ihm anderes übrig – auch als Verpflichtung. Doch das nächste Jahr, in dem auch private Probleme dazukamen, wurde zur Quälerei. Zwar wähnte Hitzfeld seine Mannschaft nach dem Champions-League-Triumph mental noch stärker als zuvor. Doch insgesamt sechs Auswärtsniederlagen, unter anderem beim sich selbst als »Weltpokalsiegerbesieger« feiernden Schlusslicht FC St. Pauli, kosteten die vierte Meisterschaft in Folge. Die sicherte sich Matthias Sammer mit Hitzfelds Ex-Klub, dem BVB, vor Leverkusen und den Münchnern. Dazu kamen das Ausscheiden im Halbfinale des DFB-Pokals auf Schalke und das Viertelfinal-Aus gegen den späteren Cupgewinner Real Madrid – für die Bayern war es eine verlorene Saison. Hitzfeld, der sich auch mit der lauter werdenden (internen) Kritik an seinem Rotationsprinzip und dem Festhalten an bestimmten Spielern (Effenberg) konfrontiert sah, machte »zehn Prozent zu wenig« von allem aus, was eine Mannschaft erfolgreich macht: Einsatz, Erfolgshunger und Begeisterungsfähigkeit. Das sollte in der Spielzeit 2002/03 wieder besser werden.

Die Tatsache, dass Hitzfeld Spieler wie Effenberg aufstellte, obwohl andere gerade besser in Form waren und sich für die Startelf aufdrängten, war wieder Bestandteil seiner Trainerpsychologie. So mancher Profi ist alleine durch seine Präsenz auf dem Platz wichtig für eine Mannschaft. Siehe Matthias Sammer in Dortmund. Dass ihm Hitzfeld im Champions-League-Finale 1997 den Vorzug vor dem in Topform befindlichen Wolfgang Feiersinger gegeben hatte, hatte genau damit zu tun. Anders verhielt es sich in München mit Effenberg. Hitzfeld wollte ihm das Vertrauen schenken, weil er überzeugt war, dass es ihm der Spieler eines Tages zurückzahlen würde. »Mir war halt der Mensch wichtig. Wenn einer von der Presse verrissen wurde, war das für mich eher ein Grund, ihn aufzubauen und nicht auch noch draufzuhauen, sondern das Gespräch zu suchen und ihm wieder die Chance zu geben, sich zu rehabilitieren. Wenn ich einen Star in so einer Situation draußen lasse oder ihn sogar auf die Tribüne setze, würde ich ihn den Medien ja zum Fraß vorwerfen.« Hitzfeld dachte weiter: »Mir war immer wichtig, klar zu sagen, wenn ein Spieler schlecht war, aber ihm auch eine Chance zu geben, denn ich brauche den starken Leistungsträger. Was nutzt es mir, wenn wir hoch verlieren und ich setze dann einen Effenberg auf die Tribüne? So schaffe ich nur noch mehr Unruhe. Nein. Ich muss sehen, dass diese Spieler in Form kommen. Und wenn sie in Form sind, profitieren alle. Das war meine Art zu führen.«

»Wenn es jemandem schlecht geht, dann muss man als Freund da sein und helfen. Das habe ich versucht.«

(Hitzfeld über den inhaftierten Uli Hoeneß)

Mit dem neuen »Anführer« Michael Ballack gewannen die Bayern wieder das »Double«. Dafür wurden den Münchnern in der europäischen Königsklasse deutlich die Grenzen aufgezeigt. In der ersten Gruppenphase gewannen die Bayern kein einziges Spiel und schieden mit nur zwei Pünktchen als Letzter ihrer Gruppe sang- und klanglos aus. Zum ersten Mal in seiner Münchner Zeit wurde öffentlich über Hitzfelds Entlassung spekuliert, ehe das Team gerade noch die Kurve kriegte. Und so ging Ottmar Hitzfeld – mit vier Meisterschaften in fünf Jahren im Gepäck – in seine sechste Saison bei den Bayern. Es sollte seine zweite ohne Titel werden.

2003/04 präsentierte sich der gesamte Verein als große Baustelle. Im Norden Münchens, im Ortsteil Fröttmaning, entstand zu diesem Zeitpunkt bereits die neue Arena, die anlässlich der Heim-Weltmeisterschaft 2006 gebaut wurde und zum neuen Aushängeschild der Stadt und zur neuen Festung der »Roten« werden sollte. Und auch die Mannschaft wurde umgebaut. Nicht mehr den Champions-League-Helden von 2001 gehörte die Zukunft, sondern jungen, unverbrauchten Profis wie dem ebenfalls aus Lörrach stammenden Sebastian Deisler oder dem Bayern-Eigengewächs Bastian Schweinsteiger. Hitzfeld hatte aber nicht mehr die Energie, alles aus den Spielern herauszuholen. Der Chef wirkte müde und ausgelaugt, die körperliche und vor allem nervliche Belastung war ihm tagtäglich anzumerken. Da war einer, der die sportlichen Geschicke irgendwie leitete, bis jemand kommen und ihn erlösen würde. »Wenn man körperlich und geistig nicht hundertprozentig fit ist, kann man keinen Erfolg haben«, sagt er heute über diese Phase seiner Karriere. »Da war ich schon ausgebrannt, hatte einen Burn-out.« Eine Krankheit wohlgemerkt, keine vorübergehende Schwäche, bei der man nach kurzer Erholungspause wieder zur Tagesordnung übergehen und sagen kann: »Jetzt reiß' dich aber mal wieder zusammen«. Ein Burn-out äußert sich bei jedem Betroffenen unterschiedlich. Symptome können Antriebslosigkeit, anhaltende Müdigkeit und Erschöpfung sein. Viele haben den Eindruck, sie sind mit ihrer Aufgabe überfordert und können nicht mehr richtig »abschalten«. Hitzfeld schlief schlecht, hatte Rückenschmerzen, und das Schlimmste: Er hatte keine Freude mehr an seinem Job. Die weiteren Symptome beschreibt er so: »Wenn wir Spiele gewonnen haben, habe ich danach keine Euphorie gespürt, mich nicht mehr gefreut, sondern gedacht: Zum Glück haben wir nicht verloren. Natürlich ein total falscher Ansatz. Es war eine Tortur.« »Geholfen« hat ihm letztlich, dass kein Erfolg in irgendeinem Wettbewerb über die Tatsache hinwegtäuschen konnte, dass er seiner Aufgabe nicht mehr gewachsen war, er nicht mehr der Richtige in der sportlichen Verantwortung bei den Bayern war. Werder Bremen holte das »Double«. Mit sechs Punkten Rückstand wurden die Bayern nur Vizemeister, schieden zudem im Viertelfinale des DFB-Pokals beim damaligen Zweitligisten Alemannia Aachen aus. In der Champions League war diesmal im Achtelfinale Endstation – wieder mal gegen Real Madrid. Er selbst habe nicht mehr die Kraft dazu gehabt, von sich aus aufzuhören, schildert Hitzfeld die vielleicht kritischste Phase seiner Trainerlaufbahn: »Es war eine Erlösung, als der Verein nach den sechs Jahren gesagt hat: Es ist besser, wir trennen uns jetzt.«

Sich eine Schwäche einzugestehen, war nie Ottmar Hitzfelds Problem. Doch diesmal war es anders. Im Sommer 2004 ging nichts mehr. Der inzwischen zweifache »Weltclubtrainer des Jahres« brauchte ärztliche Hilfe, um seine psychischen Probleme in den Griff zu kriegen. Dass Geld und Erfolg alleine nicht glücklich machen, wusste Hitzfeld schon immer. Oft handelte er auch danach, wenn er etwa ein besser dotiertes Angebot aus guten Gründen nicht annahm, zum Beispiel um sich zu schonen. Doch das reichte nicht. Nun musste er sich eingestehen, dass er sich jahrelang völlig verausgabt hatte. Stets hatte Hitzfeld die Probleme mit nach Hause genommen. Meist litt er mit den Spielern mit, wenn er ihnen unangenehme Entscheidungen mitteilen musste, wie im Fall von Wolfgang Feiersinger vor dem CL-Finale 1997 – eine Entscheidung, die er bis heute mit sich herumschleppt: »Er war natürlich furchtbar enttäuscht. Heute wird er vielleicht drüber lächeln, aber wahrscheinlich immer noch sauer sein, dass er nicht dabei war und nicht wenigstens auf der Bank saß«, sinniert er. Auch wenn er dem Spieler seine Beweggründe erläutert habe: »Das versteht ein Spieler ja nicht. Wenn einer weiß, er ist nicht dabei, hat er Scheuklappen und will nichts mehr hören. Da schaut man in leere Augen, wie ein Arzt, der eine schlechte Diagnose übermitteln muss. Das Los des Trainers!« Eine Technik, nicht alles so nah an sich herankommen zu lassen, beherrschte er nicht. Und nun zahlte er die

Zeche für diese beispiellose Selbstkasteiung. Der erfolgreiche und äußerst beliebte Trainer begab sich in Behandlung, bekam fast drei Jahre lang Medikamente und zog sich komplett zurück – nach Engelberg, für ihn seit jeher ein Glücks- und Rückzugsort. Nur ganz langsam fand er dort in den Bergen seine innere Ruhe zurück und kam allmählich wieder zu Kräften.

An seinen Fähigkeiten als Trainer zu zweifeln, gab es weiterhin keinen Grund. Wie gut Ottmar Hitzfeld für alle Anforderungen, die an den Trainerberuf gestellt werden, gerüstet war, zeigt ein Blick auf die Fußballlehrer-Ausbildung des Deutschen Fußball-Bundes (DFB). Frank Wormuth, bis 2018 Leiter der zum DFB gehörenden Hennes-Weisweiler-Akademie in Köln, unterscheidet acht Kompetenzfelder, die für Fußballlehrer von Bedeutung sind. Bewusst oder unbewusst hat Ottmar Hitzfeld in den Interviews für dieses Porträt jedes einzelne dieser Kompetenzfelder ausführlich beschrieben, während er von seiner Arbeit als Trainer gesprochen hat. Zu Beginn seiner Trainerkarriere war sicherlich die Fachkompetenz als ehemaliger Spitzenspieler ebenso gegeben wie die Methodikkompetenz (als gelernter Sportlehrer) sowie die Sprach- und Sozialkompetenz. Auch die Führungskompetenz war bereits ausgeprägt. So wusste Hitzfeld beim SC Zug intuitiv, dass er sich und seiner positiven Art treu bleiben musste, die Spieler zu bestärken, statt sie bei schwächeren Leistungen niederzumachen. Später in Dortmund war er überzeugt, gegenüber den arrivierten Bundesliga-Topstars bestimmter auftreten zu müssen, um sich Respekt zu verschaffen.

Medien- und Netzwerkkompetenz kamen sicherlich mit den Jahren dazu. Allerdings hatte Hitzfeld schon immer ein untrügliches Gespür für den richtigen Ton gegenüber den Medien und für die Notwendigkeit, sich ein Netzwerk aufzubauen, um seine persönlichen Karriereziele zu erreichen und weiterzukommen. Letzteres half ihm etwa dabei, 1983 beim SC Zug anzuheuern. Denn es war der ungarische Journalist Miklos Szvircsev, den Hitzfeld seit einiger Zeit zu seinem Freundeskreis zählte, der den Kontakt zu Werner Hofstetter herstellte. Die beiden wiederum waren Schulfreunde gewesen.

Hitzfeld – das kann man ohne Übertreibung sagen – verkörpert geradezu idealtypisch alle Vorzüge eines guten Fußballlehrers. »Jeder Trainer sollte ein Ziel vermitteln, akribisch arbeiten. Auch deshalb haben wir dieses Kompetenzmodell erstellt, um in der Ausbildung die Bereiche des Trainerberufs bestmöglich abdecken zu können«, so Wormuth. Und als hätte er das Beispiel Hitzfeld im Kopf, sagt er weiter: »Trainer zu sein, heißt nicht nur, eine Mannschaft zu trainieren, sie taktisch einzustellen, sondern beinhaltet auch psychologische Aspekte. Er muss immer das Große und Ganze sehen. (…) Es ist die Kunst des Trainers, mit unterschiedlichen Typen mit unterschiedlicher Herkunft oder Bildung das Optimum herauszuholen. Die soziale Interaktion ist immer wichtiger geworden.« Im Sommer 2004 gab es dieses Kompetenzmodell zwar in dieser Form noch nicht. Bei der Suche nach einem neuen Bundestrainer spielten aber viele der genannten Kriterien eine Rolle. Teamchef Rudi Völler hatte nach dem blamablen Vorrunden-Aus bei der EURO 2004 in Portugal, als die DFB-Auswahl nur zwei Punkte holte und nach einem 1:2 gegen Tschechien vorzeitig nach Hause fahren musste, abgedankt. Der damalige DFB-Präsident Gerhard Mayer-Vorfelder, der mit der Suche beauftragt war, favorisierte Ottmar Hitzfeld, der gerade frei war. »Ich habe mich mit Mayer-Vorfelder getroffen, der wollte mich unbedingt. Ich war nach sechs Jahren bei Bayern aber ausgelaugt und nicht fit. Zwei Jahre später wäre es etwas anderes gewesen, weil ich da ausgeruht war. 2004 war ich es nicht. Da hätte ich keinen Erfolg gehabt.« Hitzfelds logische Konsequenz: Er sagte ab. »Es war schwer, aber auch die richtige Entscheidung. Natürlich habe ich hin und her überlegt – soll ich oder soll ich nicht? Aber ich war platt. Man muss in sich hineinhorchen, und sich dann auch auf sein Gefühl verlassen. Zum Glück habe ich da ein gutes Empfinden.« Man muss sich das schon mal auf der Zunge zergehen lassen: Erst Real Madrid, dem erfolgreichsten und vielleicht strahlendsten Fußballklub Europas, einen Korb zu geben, und dann auch noch auf das Bundestraineramt verzichten, den angesehensten Trainerjob im Land. Dazu gehört einiges. »Ich war eigentlich immer ein vorsichtiger Mensch, habe nichts überstürzt gemacht oder aus der Euphorie heraus«, erklärt Hitzfeld noch mal, wie es dazu kam. Weil alles gut durchdacht war, habe er beide Absagen auch nie bereut: »Überhaupt nicht! Ich wollte diesen Stress nicht mehr und hatte mit dem Trainerdasein abgeschlossen.«

Mit 58 Jahren schien das Karriereende gekommen – in einem Alter, in dem viele Trainer ihre größten Erfolge erst noch vor sich haben. Doch ganz ohne Fußball, das war klar, würde es nicht gehen. Fast drei Jahre verdingte er sich als TV-Experte. Genug Zeit, um sich von den Strapazen der Bayern-Jahre zu erholen. Im Februar 2007 konnte Hitzfeld dann den ständigen Avancen und Angeboten, doch noch einmal auf die Trainerbank zurückzukehren, nicht mehr widerstehen. Sein Freund Uli Hoeneß bat ihn um Hilfe. Es ging darum, den wieder einmal schlingernden FC Bayern zurück in die Erfolgsspur zu bringen. Felix Magath, der 2004 Hitzfelds Nachfolger geworden war, hatte zweimal das »Double« mit den Bayern gewonnen, ehe in der Saison 2006/07 der Faden komplett riss. Spielerisch lief nichts. Dem Team fehlte ein frischer Impuls. »Ich wusste, es brennt bei den Bayern, aber ich war überrascht, als Uli mich anrief. Ich war in Engelberg und wollte gerade auf die Skier, als er mich fragte, ob ich helfen würde«, erinnert sich Hitzfeld, der spontan zusagte. Und so wurde Hitzfeld nach zwei Rückrundenspielen Magaths Nachfolger. Zu retten war die Saison allerdings nicht mehr. Mit zehn Punkten Rückstand auf Meister VfB Stuttgart landeten die Bayern nur auf dem vierten Tabellenplatz und qualifizierten sich erstmals seit zehn Jahren nicht für die Champions League. Erst im Jahr darauf bewies Hitzfeld noch einmal allen, dass er nichts verlernt hatte und dass mit ihm – Gesundheit vorausgesetzt – noch zu rechnen ist. Mit einem beispiellosen Durchmarsch feierten die Münchner bereits am 31. Spieltag ihre 21. Deutsche Meisterschaft. Dabei belegten sie vom ersten Spieltag an den ersten Tabellenplatz und kassierten mit nur 21 Gegentreffern so wenig Gegentore wie nie ein Team zuvor. Oliver Kahn in seiner letzten Saison, Philipp Lahm, Lucio und Martin Demichelis in der Verteidigung, Zé Roberto, Bastian Schweinsteiger, Mark van Bommel und der überragende Franck Ribéry im Mittelfeld, dazu Miroslav Klose und Bundesliga-Torschützenkönig Luca Toni im Sturm drückten der Meisterelf ihren Stempel auf, die durch ein 2:1 nach Verlängerung im Finale gegen Borussia Dortmund erneut das »Double« holte. »Ich habe erst nur die Rückrunde trainiert, und im Jahr danach haben wir ja kein Spiel verloren, waren immer Erster«, lässt Hitzfeld sein zweites Engagement in München noch einmal Revue passieren. Dass Hitzfeld die zwei Niederlagen in Cottbus und Stuttgart verdrängt hat – geschenkt bei dieser nahezu perfekten Saison, die Hitzfelds endgültig letzte als Klubtrainer werden sollte. Denn zweimal den gleichen Fehler wollte er nicht begehen. »Der Verein hatte schon im November oder Dezember angefragt, ob ich weitermache. Aber da habe ich schon gesagt, dass ich am Ende der Saison aufhöre. Zu dem Zeitpunkt ging es mir gerade gut. Ich dachte, jetzt höre ich lieber auf. Ich wollte nicht mehr in die Situation geraten, dass es mir schlechter geht.« Gut möglich, dass bei dieser Entscheidung unterbewusst auch ein Ereignis mitschwang, das nicht wenige für völlig unnötig hielten. Karl-Heinz Rummenigge hatte gegen Ende der Hinrunde, als sich die Bayern eine klitzekleine Schwächephase leisteten, Hitzfelds Rotation in Anspielung auf dessen Vergangenheit als angehender Mathelehrer mit den Worten kritisiert: »Fußball ist keine Mathematik.« Eine unwürdige, perfide kleine Stichelei, mit der sich Rummenigge auf fremde Kosten profilieren wollte. Normalerweise war es nicht Hitzfelds Art, solcherlei Gemeinheiten zu kommentieren. Wie sehr ihn dieser Einwurf wurmte, ist aber daran zu erkennen, dass er nach der Saison darauf zurückkam. Seine kühle Replik nach dem gewonnenen Double: »Ich hoffe, dass ich das Fußball-Einmaleins kann.« Aber so läuft es beim FC Bayern, erklärt Michael Henke: »Es war sofort Theater, wenn man mal Unentschieden gespielt hat.

So, wie wenn du mit dem VfL Bochum dreimal hintereinander verlierst. Wenn ich an Rummenigges Äußerung mit der ›Mathematik‹ denke: Das war eine total ungefährliche Situation für den Verein. Da war ja alles in Butter. Aber trotzdem eskalierte das dann mehr oder weniger und hat letztlich mit dazu geführt, dass Ottmar gesagt hat, ich höre auf.« Hitzfeld trat schließlich als Sieger ab. Und die Bayern-Fans bereiteten ihrem »Ottmar« einen unvergesslichen Abschied. Schon bei der Übergabe der Meisterschale im Stadion gab es Tränen – Tränen des Abschieds, des Glücks und der Erleichterung. Bei der Double-Feier auf dem Münchner Marienplatz schließlich ließen sie Hitzfeld noch einmal hochleben. Der Münchner Musikkabarettist Willy Astor und 20 000 oder mehr Kehlen sangen: »Ottmar, wir lieben Dich!« Das Gefühl, dass hier ein ganz Großer die Bayern und damit auch die Bundesligabühne verlässt, war allgegenwärtig. Bei Hitzfeld löst es bis heute zwiespältige Gefühle aus: »Das war überwältigend, aber übertrieben. Es hat sich gut angefühlt, war mir aber auch ein bisschen peinlich. Aber es war ein schöner Moment, denn man weiß: Man hat die Leute zufrieden gestellt.«

Von allen seinen Stationen, egal ob als Spieler oder als Trainer, gehört München neben Basel sicherlich zu den wichtigsten. Da er nirgends vom Hof gejagt wurde, ist er aber überall ein gern gesehener Gast und hat in jeder Stadt Freunde und Bekannte. Einer seiner besten Kumpels, mit denen er sich regelmäßig zum Essen trifft, ist sein Jugendfreund Werner Schepperle. »Mit ihm habe ich beim TuS Stetten in der Jugend Fußball gespielt. Er verwaltet jetzt meine Häuser in Lörrach.« Aus seiner Zeit im Profifußball

sind vor allem Michael Meier, Michael Henke und Uli Hoeneß Menschen, zu denen Hitzfeld noch immer regelmäßigen Kontakt pflegt. »Zu Uli Hoeneß, mit dem ich in meiner Münchner Zeit auf der Bank saß, habe ich ein ganz besonderes Verhältnis. Für mich war er die Bezugsperson bei Bayern, er stand immer voll hinter mir.« Kennengelernt hatten sich die beiden schon zuvor bei der Olympiaauswahl. Eine Freundschaft, die also schon bald 50 Jahre währt, und das auch in Hoeneß' schwierigster Zeit, den knapp eineinhalb Jahren im Gefängnis, die er nach seiner Verurteilung wegen Steuerhinterziehung verbüßen musste. »Ja, ich habe ihn in der JVA in Landsberg besucht und ihm Mut zugesprochen«, erzählt Hitzfeld. »Das war mir sehr wichtig. Wenn es jemandem schlecht geht, dann muss man als Freund da sein und helfen. Das habe ich versucht.« Und dann ist da ja auch noch Michael Henke. Mit seinem Assistenten, der zu der eingeschworenen Skifahrertruppe gehört, die mit ihm jedes Jahr eine Woche in den Schweizer Bergen verbringt, tauscht sich Hitzfeld regelmäßig aus – nicht nur über Fußball, sondern auch über Privates. »Dadurch, dass wir so eng zusammengearbeitet haben und uns gegenseitig private Dinge mitgeteilt haben, ist eine Freundschaft entstanden«, so Henke. »Wir sitzen zwar nicht mehr Tag und Nacht zusammen, nachdem wir jobmäßig nichts mehr miteinander zu tun haben, aber ich glaube, wir können uns nach wie vor aufeinander verlassen.«

Freunde zu finden, fiel Hitzfeld stets leicht. Der Mann ist ein »Menschenfänger«, einer, der andere allein durch seine Offenheit und Verbindlichkeit schnell für sich einnehmen kann. Wie nahe ihm wirklich jemand kommen darf, entscheidet er aber selbst. Seine untrügliche Menschenkenntnis hilft ihm dabei, zu unterscheiden, wer es ernst meint und wer möglicherweise nur ein Schulterklopfer in Zeiten des Erfolges ist. Erfolg hatte er freilich überall. Sicher auch ein Grund, warum sich Hitzfeld auf praktisch all seinen Stationen wohlgefühlt hat. »Mir hat es eigentlich überall sehr gut gefallen. Jede Station war sehr wichtig, und jede Station hat uns geprägt. Ich habe auch immer dort gewohnt, wo ich gearbeitet habe«, sagt Hitzfeld nicht ohne Stolz. Dreizehnmal mussten er und seine Frau umziehen, was nicht immer leicht war. So etwas wie ein schlechtes Gewissen plagt ihn deshalb noch heute. Sein Sohn Matthias wurde in Lugano geboren. Auch wenn die Hitzfelds nur noch selten dort sind, haben sie deshalb natürlich eine ganz besondere Verbindung dorthin. »Alles ist ein Stück Heimat«, sagte der Alemanne Hitzfeld, ohne dabei seine wahre Herkunft zu verleugnen. Das ist Lörrach – die Stadt, in die er nach seiner Karriere zurückkehrte. Wie wichtig ihm die Heimat und seine Eltern waren, zeigt eine Anekdote, die

Michael Henke erzählt: Sonntags nach Spielen telefonierte Hitzfeld regelmäßig im Trainerraum mit seinem Vater und besprach das letzte Spiel. »Es gab immer das obligatorische Telefonat auf Alemannisch. Ich habe nicht viel verstanden. Aber das war ihm immer sehr wichtig.« Überhaupt hat die Familie einen extrem hohen Stellenwert. Seinen Eltern hat Ottmar Hitzfeld stets besondere Fürsorge zuteilwerden lassen, auch wenn er gerade Hunderte von Kilometern entfernt war. »Er ist ein sehr fürsorglicher Mensch mit den Leuten, die eng um ihn herum sind, also Familie und engste Freunde«, sagt auch Henke. Umgekehrt waren seine Frau Beatrix genau wie sein Sohn Matthias sein Auffangbecken. Heute sind sie sein wichtigster Lebensinhalt. Regelmäßig einmal im Monat ist Hitzfeld deshalb wieder in München. Hier lebt Matthias mit seiner Familie. Während seines Studiums lernte er seine spätere Frau kennen und blieb hängen. Im Januar 2019, kurz nach Hitzfelds 70. Geburtstag, begrüßte die Familie ihr drittes Kind: »Das ist herrlich, auch ein neuer Lebensinhalt«, sagt Hitzfeld, der nun also dreifacher Opa von zwei Buben und einem Mädchen ist. »Ottmar ist ein sehr glücklicher Mensch, weil er alles so geschafft hat, wie er es wollte. Daraus schöpft er diese Zufriedenheit«, glaubt Henke. Hitzfeld würde das sicher so unterschreiben, auch wenn er sagt: »Vielleicht war ich in meiner Karriere zu wenig spontan. Ich wollte auf der sicheren Seite stehen und habe jede Entscheidung hin und her überlegt. Damit habe ich mir das Leben selbst schwer gemacht.« Dass es auch seine Familie nicht immer leicht mit ihm hatte, räumt er ebenso unumwunden ein. Nicht immer konnte er so viel zurückgeben, wie es vielleicht notwendig gewesen wäre. Das wurde erst in seiner zweiten Amtszeit in München besser, als Hitzfeld seinen Arbeitsplatz und sein Zuhause in Grünwald strikt trennte. »Ich wollte die Probleme nicht mehr nach Hause tragen in die eigenen vier Wände, Deshalb habe ich die Trainingsvorbereitung und alles andere in meinem Büro gemacht. Wenn ich nach Hause kam, wollte ich abschalten, einen schönen Abend mit meiner Frau verbringen, vielleicht mal ein Buch lesen, einen Film ansehen oder auch gerne mal einen Schweizer Jass spielen. Das war ein wichtiger Schritt, um mich zu schützen und um mich mehr mit meiner Frau zu beschäftigen.« Dass ihm sein Sohn Matthias nicht nacheiferte, sondern seinen eigenen Weg ging, hat Hitzfeld nie gestört. Es macht ihn glücklich: »Er ist sehr bodenständig, ein sehr ehrlicher, warmherziger Typ«, so der stolze Papa. Matthias Hitzfeld hat einen anderen Weg eingeschlagen, er leitet eine Charity-Fundraising-Plattform. Wie bei einer Lotterie kann man dort Lose kaufen und etwas gewinnen, zum Beispiel Treffen mit Prominenten. Mit seinem guten Namen hat Ottmar Hitzfeld mitgeholfen, das Business seines Sohnes anzuschieben. Hitzfeld und Hoeneß waren die ersten »Promis«, mit denen man ein Treffen gewinnen konnte. Inzwischen steht Matthias auf eigenen Beinen. Auf seiner Plattform »yourPrize« sammeln Musiker, Schauspieler oder Sportler Geld für ihre Stiftungen oder Projekte, die ihnen besonders am Herzen liegen. Rund 80 Prozent der Einnahmen kommen dem guten Zweck zugute, Hitzfelds Firma bekommt einen Unkostenbeitrag, mit dem sie sich finanziert. »Das hat schon einiges Geld eingespielt«, so Hitzfeld senior. Roger Federer, Nico Rosberg, Sebastian Vettel, Lukas Podolski, Uli Hoeneß, Wolfgang Niedecken, Lena Gercke – die Liste der Persönlichkeiten, die mitgemacht haben, ist lang. »Die spendieren mal eine Sporttasche oder treffen sich mit den Gewinnern zum ›Meet & Greet‹. Für die Stars ist das kein großer Aufwand«, so Hitzfeld, der auch selbst sozial engagiert ist. Lange unterstützte er als Mitglied des Stiftungsrates die Laureus-Stiftung, die sozial benachteiligte Kinder und Jugendliche durch kostenlose Sportprojekte wie Streetsoccer-Turniere fördert und Perspektiven bietet. Bis heute ist Hitzfeld als Botschafter für die »Sepp-Herberger-Stiftung« des DFB im Einsatz – eine Organisation, die sich unter anderem um Behindertenfußball und die Resozialisierung von Strafgefangenen kümmert. Herbergers Lebensmotto hieß: »Wer oben ist, darf die unten nicht vergessen« – es könnte auch Hitzfelds Leitfaden fürs Leben sein. Nie wollte er nur Trainer, sondern immer auch Vorbild sein. »Es geht darum, ehemalige und aktuelle Häftlinge wieder ins Leben zurückzuführen, mal mit diesen Menschen zu sprechen oder Geld einzuspielen und sie so zu unterstützen. Die Stiftung ermöglicht ihnen den Wiedereintritt ins Berufsleben. Eine gute Sache.«

So kamen Hitzfeld und der DFB also doch noch zusammen. Das mit dem Bundestraineramt ergab sich auch noch, allerdings in der Schweiz. Ungefähr als er bei Bayern München seinen Abschied zum Saisonende verkündete, erhielt er das Angebot des Schweizerischen Fußballverbandes (SFV). Nach der Europameisterschaft im eigenen Land,

»Ich bin einfach froh, dass ich jetzt ein ruhiges Leben habe, ruhig schlafen und mich auf den nächsten Tag freuen kann.«

die mit dem Aus nach der Vorrunde enttäuschend geendet hatte, suchte der SFV einen Nachfolger für Jakob Kuhn. Es ging darum, schnell die Kurve zu kriegen und sich für die Weltmeisterschaft 2010 in Südafrika zu qualifizieren. Für Hitzfeld der perfekte Zeitpunkt. »Ich habe mir gedacht: Das ist ideal, ich werde älter, der Job ist ein langsamer Übergang für mich, und die Schweiz hat für mich eine ganz besondere Bedeutung.« Die Aussicht, zwischen den Länderspielen immer wieder regenerieren und die Batterien aufladen zu können, keinen Alltagsstress zu haben, passte zu Hitzfelds Lebensplanung. »Ist ja klar: Wenn man Bayern trainiert, hat man 60 wichtige Spiele im Jahr, in der Nationalmannschaft sind es zehn oder zwölf. Das kann man nicht vergleichen. Und die Spiele bedeuten ja Stress.« Michael Meier erzählt gerne die Geschichte, dass Hitzfeld bereits 1991 während der Gespräche mit Borussia Dortmund plante, zum Ausklang seiner Karriere die Schweizer Nationalmannschaft zu trainieren. »Ich habe selten einen Trainer erlebt, der so eine klare Karriereplanung hatte.« Doch Hitzfeld widerspricht: »Einen Karriereplan hatte ich nicht.« Vieles hat sich einfach so ergeben. Und weil Hitzfeld erfolgreich war, sieht es im Rückblick so aus, als sei er stets zur richtigen Zeit am richtigen Ort gewesen. Die Schweiz jedenfalls führte er als Gruppensieger in der Qualifikation souverän zur WM nach Südafrika. Dort war zwar nach der Vorrunde Schluss. In Erinnerung bleibt jedoch der glanzvolle 1:0-Auftaktsieg gegen den späteren Weltmeister Spanien in Durban. Nach der verpassten Qualifikation für die EURO 2012 in Polen und der Ukraine in der schweren England-Gruppe gelang dann wieder die Qualifikation für die WM 2014 in Brasilien. Mit Siegen gegen Ecuador und Honduras zogen die Schweizer ins Achtelfinale ein, wo sie in São Paulo den späteren Vizeweltmeister Argentinien an den Rand einer Niederlage brachten. Erst in der Verlängerung setzten sich die Südamerikaner durch. Angel di Maria traf in der 118. Spielminute für die Albiceleste. Der Schweiz dagegen klebte das Pech an den Füßen, so traf Blerim Dzemaili kurz vor Schluss nur den Pfosten. Hätte sich die Schweiz ins Elfmeterschießen gerettet – wer weiß, wie die Partie dann ausgegangen und was im Turnier noch möglich gewesen wäre?!

Doch »hätte, wäre, wenn« – Ottmar Hitzfeld ist niemand, der so denkt. So oder so war es ein würdiges letztes Spiel für Ottmar Hitzfeld. Mit 65 Jahren zog er sich 2014 endgültig aus dem aktiven Trainerleben zurück. Ein paar Monate arbeitete er noch als Experte. Dann war auch dieses Kapitel beendet. Endlich ganz viel Zeit – oder wie man neudeutsch sagt »Quality time« – für die Familie, für Freunde und die Hobbys. Golfspielen auf Mallorca, Skifahren in Engelberg, wo Hitzfeld auch regelmäßig beim Weltcup der Skispringer vorbeischaut, oder in München mit den Enkeln Henry, Carlotta und Oskar in den Circus Krone gehen. So sieht es aus, das süße Rentnerleben. Ein normaler Tag heute? »Eigentlich langweilig, wenn man es mit dem vergleicht, was früher war«, sagt Hitzfeld zufrieden. »Ich bin einfach froh, dass ich jetzt ein ruhiges Leben habe, ruhig schlafen und mich auf den nächsten Tag freuen kann.« In seiner Karriere konnte er das nicht immer. Auch deshalb vermisst er die Fußballbühne nicht, sondern genießt sein Leben so, wie es jetzt ist. Man sieht es ihm an! Feste feiert er, wie sie fallen, allerdings nicht in großer Runde, sondern im kleinen Kreis. So wie seinen 70. Geburtstag. »Zum Glück hat Benthaus damals den Hörer abgenommen«, sagte er anlässlich seines Ehrentages am 12. Januar 2019 der Basler Zeitung. Wohl wahr. Für die vielen Fußballfans in Deutschland, der Schweiz und anderswo. Vor allem aber für Ottmar Hitzfeld.

Dank an: Ottmar Hitzfeld und Michael Henke für die Interviews, Rainer Vollmar sowie meine Familie und Freunde.